农村劳动力转移职业技能培训教材

汽车美容装潢百问百答

农业部农民科技教育培训中心
中央农业广播电视学校
组编

中国农业大学出版社

主　编　彭义军

参　编　林　勍　蒋瑞斌　粟洪志

审　稿　白长城　安占忠　赵文平　李少华　陈肖安

农村劳动力转移职业技能培训教材编委会

内容提要

本教材内容包括汽车美容装潢的基础知识，汽车护理和装饰用品、设备的性能、选用及使用方法，汽车护理和装饰的操作工艺及质量分析。

编写说明

随着社会主义新农村建设的推进和农村富余劳动力的转移，农民迫切需要接受职业培训。汽车美容装潢遍布城乡，可以大量吸收农村富余劳动力，是农村劳动力转移职业技能培训的优选工种。

为提高农村劳动力职业技能，适应各地开展职业技能培训的需要，农业部农民科技教育培训中心、中央农业广播电视学校组织有关专家编写了《汽车美容装潢百问百答》一书，作为农村劳动力转移职业技能培训教材之一，供各地农村劳动力转移职业技能培训机构使用。

本教材根据汽车美容装潢工国家职业标准编写，采用问答形式，通俗易懂，内容充实，观点新颖，简明实用，可读性强，既可作为农村劳动力转移职业技能培训与汽车护理和装饰行业在职工人的培训教材，也可作为汽车服务业技术与管理人员以及职业院校等相关专业师生的学习参考用书。

由于编写任务紧，时间仓促，编著者水平有限，本书难免有不妥之处，敬请广大读者提出意见。

农业部农民科技教育培训中心

中央农业广播电视学校

2008年4月

目　录

一、汽车美容装潢常识

1 汽车美容装潢行业发展前景如何？

据市场调查，一辆汽车平均每年仅用于洗车的费用就高达600元（平均50元/月）。按全国汽车拥有量1.8亿辆计算，每年洗车费用大约为1 080亿元。如果一个汽车美容装潢店拥有100个固定客户，则每年仅洗车的收入就可达6万元。事实上，汽车美容装潢远不止洗车这一个项目，还有很多其他项目，平均每台车每年用于美容装潢的实际费用超过2 000元。一个店仍以100个客户计算，一年的收入为20万元。除去必要的开支，利润是相当可观的。由此可见，汽车美容装潢行业不仅市场广阔，而且利润丰厚，具有很大的发展潜力。

2 汽车美容装潢的基本原则是什么？

（1）护理与治理相结合的原则　汽车美容以护理为主，治理为辅。在汽车漆膜及其他物面出现损伤之前进行必要的维护作业，预防损伤的发生。一旦出现损伤应及时进行治理，以恢复原来状态。因此，汽车美容应坚持护理与治理相结合的原则。

（2）自理性美容与专业性美容相结合的原则　汽车美容很多内容属于经常性的维护作业，如除尘、清洗、擦车、检查等，几乎天天要进行。这些简单的护理作业，只要车主或驾驶员掌握了一定的汽车美容知识，完全可以自己进行。但定期到专业汽车美容场所进行美容也是必不可少的，因为还有很多美容项目是车主自己无法完成的，尤其是汽车漆面或内饰件出现问题时必须进行专业护理。为此，驾驶员护理一定要与专业护理相结合，这样才能将汽车护理得更好。

(3)单项护理与全面护理相结合的原则　汽车美容作业的项目和内容很多，在作业中应根据汽车自身状况有针对性地选择项目和内容，进行某些单项护理就能解决问题的不必进行全面护理，这样不仅是为了节省费用，同时对汽车本身也是有利的。例如，汽车漆膜的厚度是一定的，如果每次美容都进行全面护理，即每次都研磨、抛光，这样漆膜厚度很快会变薄，当磨透车漆时，就必须重新喷漆，这样就得不偿失了。当然在需要时对汽车进行全面护理也是必要的，关键是要根据不同情况具体对待。

(4)局部护理与全车护理相结合的原则　汽车漆膜局部出现损伤时，只要对局部进行处理即可，只有在全车漆膜绝大部分出现损伤时，才进行全车漆膜处理。在实际工作中应根据需要决定护理的面积，只需局部护理的，不要扩大到整块板；只需整块板护理的，不要扩大到全车。

3 汽车美容装潢的主要内容有哪些？

汽车美容装潢的内容主要包括车身护理、内饰护理、底盘护理、车身装饰、内饰装饰等，具体内容如图 1-1 所示。

4 怎样选择汽车美容装潢作业项目？

汽车美容作业项目繁多，价格高低不一，大多数车主不知道怎么选择，拿不定主意。汽车美容中心的接待员应根据车型、车况、使用环境及使用条件等因素，有针对性地、合理地向车主推介汽车美容作业项目。

(1)因车型而异选择作业项目　汽车美容项目、内容及使用的用品不同，其价位也不一样。对汽车进行美容不仅要考虑到效果，

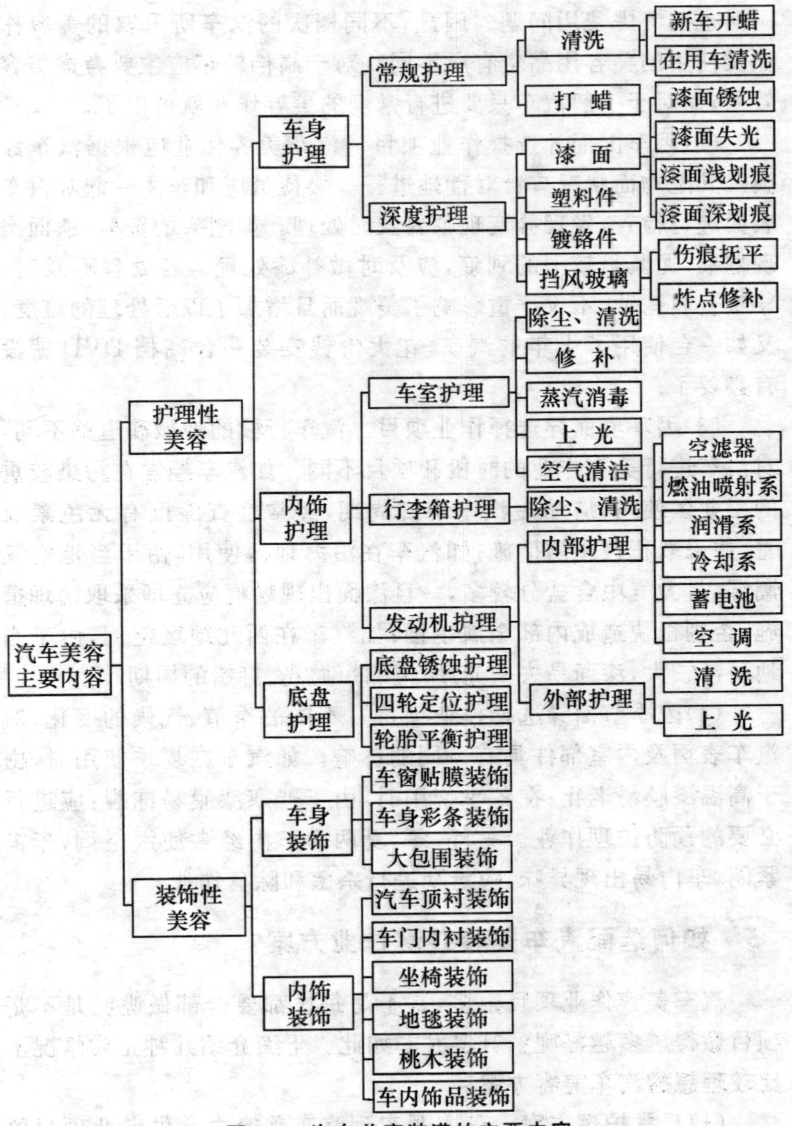

图 1-1 汽车美容装潢的主要内容

同时也要考虑费用问题。因此,不同档次的汽车所采取的美容作业及使用的美容用品应有所不同。对于高档轿车应主要考虑美容效果,而对于一般汽车只要进行常规的美容作业就可以了。

(2)因车况而异选择作业项目　汽车美容作业应根据汽车漆膜及其他物面状况有针对性地进行。接待员应和车主一起对汽车表面进行检查,发现异变现象要及时处理。如刚买的新车,漆面出现划痕,尤其是较深的划痕,应及时做补漆处理。若处理不及时,导致金属锈蚀,不仅严重影响了美观而且增加了以后处理的难度。又如一台使用了十年的汽车,花大价钱安装一台高档 DVD 就没有必要了。

(3)因环境而异选择作业项目　汽车行驶的地域和道路不同,对汽车进行美容作业的时机和项目不同。如汽车经常在污染较重的工业区使用,应缩短汽车清洗周期,经常检查漆面有无色素沉着,并采取积极预防措施;如汽车在沿海地区使用,由于当地空气潮湿,且大气中含盐分较多,一旦漆面出现划痕应立即采取治理措施,否则很快造成内部金属锈蚀;如汽车在西北地区使用,由于当地风沙较大,漆面易失去光泽,应缩短抛光、打蜡的周期。

(4)因季节而异选择作业项目　不同的季节、气候的变化,对汽车表面及内室部件具有不同的影响。如汽车在夏季使用时,由于高温漆膜易老化;在冬季使用时,由于严寒漆膜易冻裂:应进行必要的预防护理作业。另外,冬、夏两季车内经常使用空调,车窗紧闭,车内易出现异味,应定期进行杀菌和除臭作业。

5 如何选配汽车美容装潢作业方案?

汽车美容作业项目很多,是不是每次都要全部做呢?是不是项目做得越多越好呢?其实并非如此。下面介绍几种正常情况下比较理想的汽车美容方案。

(1)日常护理方案　车主开车到汽车美容中心做专业项目的

汽车美容时，工作人员要多向他们宣传在力所能及的范围内自己动手做汽车美容。具体作业项目有用专业清洗剂清洗车身、内饰的简单除尘清洁、打蜡、根据自己的爱好进行个性贴花等。

(2)季度护理方案　一个季度对汽车做一次专业护理，称之为季度护理。具体作业项目是：

①车身清洗(包括去沥青、轮胎翻新、玻璃清洁等)；

②内饰清洁(包括吸尘、塑料皮革清洁上光、空调除异味、杀菌消毒等)；

③打蜡；

④发动机外表清洁上光。

(3)年度护理方案　汽车使用一年后，虽然进行了日常护理、季度护理，但仍有残留下的顽渍，所以必须做一次彻底的专业护理，以恢复车辆昔日的风采，称年度护理。具体作业项目包括：

①季度护理项目；

②漆面增艳护理(研磨、抛光)；

③发动机燃油喷射系统、润滑系统、冷却系统的清洗。

(4)新车护理方案

方案一：开蜡，上蜡，贴太阳膜，铺地板胶。

方案二：开蜡，上蜡，贴太阳膜，铺地板胶，装防盗锁、倒车报警装置。

方案三：开蜡，上蜡，贴太阳膜，铺地板胶，装防盗锁、倒车报警装置，改装音响、桃木装饰。

6 什么是会员卡制？

所谓会员卡制就是专业汽车美容中心为了拥有固定的客户，采取让利的方式，出售一张卡片，只要客户持这张卡片来该中心做汽车美容就享有打折和优先美容的优惠，但客户必须一次性付清一年的费用，卡片上登载有优惠的具体项目和措施。它分为金卡和银卡等，金卡优惠较多，银卡次之。

7 汽车美容装潢应遵守哪些安全施工规则？

(1)施工人员必须从思想上重视安全工作，以高度的责任感和严肃的态度认真施工。施工中要树立安全第一、客户至上、精心服务的观念，严格遵守操作规程，杜绝事故的发生。

(2)施工人员必须熟悉施工现场及周围环境，了解水、电、气开关及救护器材的位置，以备应急之用。

(3)施工人员必须熟悉施工安全技术、清洗剂等的安全使用方法和急救方法。

(4)注意用电安全。地线必须可靠接地，防止漏电；使用电器时要严防触电，不要用湿手和湿物接触开关；施工结束后，要及时切断电源。

(5)现场施工人员直接接触酸、碱液时，应穿工作服、胶靴，戴防腐蚀手套，必要时应戴防毒口罩。

(6)清洗、护理作业现场必须整洁有序，严禁烟火。

(7)清洗、护理现场应有消防设备和管路，要有充足的水源和电源，确保施工安全需要。

(8)清洗、护理设备在使用前应进行试运转；使用后应用清水冲洗，按要求维护保养，如有故障及时排除并妥善保管。

(9)施工中排放的清洗废液应符合排放要求，不得随地乱排放。

(10)施工安全工作要有专人负责，定期检查，并不断总结安全施工的经验，确保安全施工。

8 电动(气动)工具安全操作规程有哪些？

(1)操作人员应熟悉所使用的工具，使用前应检查各零、部件是否安装牢固，各紧固件连接是否牢靠，电缆及插头有无损坏，开关是否灵活，内部有无杂物。

(2)使用前应检查所有电压是否符合规定，电源电压应尽量使用 220 V，如电源电压为 380 V，应检查接地是否良好，并注意地线标记。

(3)使用电动工具操作时，应检查是否接地，电线要有胶管保护。

(4)经检查后可接通电源空运转，检查声音是否正常。

(5)使用中如发现有大火花、异响、过热、冒烟或转速不足现象，应停止使用，待修复后再使用。

(6)各电气元件应保持清洁，接触良好，轴承及变速箱内的润滑油每半年更换一次。

(7)工具不用时应存放在干燥处，以防受潮与锈蚀。

(8)使用气动工具时，必须防止由于连接不牢而造成压缩空气损失和人身安全事故。

(9)工具在转动中不得随处放置，需要放置时应先关机，待停稳后再放下。

(10)使用砂轮机时，开机后砂轮应轻轻接触工件。

9 空气压缩机安全操作规程有哪些？

(1)空气压缩机应设专人使用和管理。

(2)启动前认真检查空气压缩机、电机和电气控制部分是否良好，一切正常无误后，启动试转片刻，再正式使用。

(3)气泵要按规定顺序启动，设备运转时要认真观察运转状况，监视气压表读数，发现异常现象要及时排除，并报有关部门。

(4)在工作中禁止工作人员和其他人闲谈或随意离开机房，必要时应停机后再走，以防事故发生。

(5)不经操作者同意，任何人不准启动机器。

10 照明装置安全操作规程有哪些?

(1)施工场地的照明设备应有防爆装置。

(2)放有各种清洗剂或溶剂的库房照明开关应设在库房外。

(3)各种电气开关均应为密封式,并操作方便。

(4)使用手灯时,必须使用 36 V 安全电压。

11 接待人员应具备哪些方面的素质?

接待工作是一项很重要的工作,接待人员的素质直接影响单位的经济效益和形象。接待总的要求是要做到主动、热情、耐心、周到。

(1)形象素质 接待工作是体现单位形象的一个重要标志,要求接待人员着统一制服,讲究个人卫生,仪表端庄,给人一种整洁、大方的印象。

(2)语言素质 语言优美是道德高尚的表现,讲究接待用语十分重要,要求做到准确、生动、亲切、简练地使用尊敬语、工作语和告别语。

(3)业务素质 业务要熟练,精通产品知识,结算收费灵活,优惠措施合理。直接面对消费者时,不能盲目,要有针对性,应着重考虑以下几个方面:

①消费者的购买力 如消费者本身的经济就不宽裕,而你却劝说他买这个产品、做那套护理,结果他最后一句“没钱”,岂不是很不好意思。

②消费者的决定权 如果司机不是车主,而你却一味地向他推销,忽略了坐在旁边的真正有决定权的人,那显然是徒劳无益的。

③消费者的需要 如客户的车本身车况就很差,漆面到处破损,已到了非全车做漆不可的程度,你却劝说他全车抛光打蜡,他

岂能接受?

12 接待客户应按什么样的程序进行?

(1)热情接待司机及车上乘客,并安排他们下车休息。

(2)详细填写派工单,安排员工作业。要求服务项目填写清楚、明确,尽量避免客户与技师等人发生误会。

(3)有策划性地劝说客户增加作业项目及购买系列产品。

(4)按标准收费并给予合理的折扣优惠。

(5)检查美容效果,尽量满足客户需求,务必使每一位客户满意地离开。

(6)建立客户登记表交与会计,以便存档。

(7)及时研究客户资料,加强同客户之间的联系。

13 怎样循序渐进劝导客户做项目?

每天开门做生意时,要查看产品摆放是否齐全、整洁,设备是否擦拭干净,功能是否正常,员工是否到齐,作业时是否能达到整体协调。碰到不正常情况,及时处理解决,使整个美容护理中心进入正常的工作待命状态。

(1)当客户汽车开过来时,技师安排停车作业位置,做到既方便员工作业,又不影响下一辆车的进出。

(2)当客户打开车门时,接待人员应及时热情上前招呼。快速填写派工单,交给技师安排员工作业。此时,可要求打开引擎盖,免费为客户检查机油、水箱、变速箱等,并及时加补。

(3)打开引擎盖后,接待人员可以这样说:“您的引擎外表够脏的了,要不要我们帮忙清洗一下?我们使用的发动机外表泡沫清洁剂,是针对发动机的几何形状复杂而特别设计的,它泡沫丰富、去污能力强,能自动清除引擎表面的积尘、油污及其他附着物,使你的引擎表面光洁如新。另一特点是它去污力虽强,但绝不伤橡胶塑料等部件，所以请您放心，对接线盒、高压线、分电器等绝对无损伤。收费 60 元一次，但清洗出来的效果绝对会让您满意的。”

(4)打开水箱盖，查看水面高度。接待人员可以说：“水箱里的水都变黄了，可能是久未换水，形成较多水垢所致，我建议用水箱清洗剂清洗水箱。它能有效地除去水箱内的污垢、锈迹及其他沉淀物等，长期保持冷却系统通畅，使功能恢复正常。”

(5)清洗水箱后可以提议：“为防止水箱内锈垢的形成，我建议使用三防水。它有防沸、防锈、防蚀三大功效，并能防止产生泡沫，避免发动机过热，使发动机工作温度保持在正常状态，有效地保护发动机。”另外，水箱有少量渗漏时，可建议添加水箱补漏剂。

(6)抽出机油尺，检查机油油面高度，发现机油较脏时可以说：“您上次换机油后跑了多少千米？现在看起来很脏了，这样会加剧发动机的内部磨损，应更换机油了。”

(7)客户同意换机油时，可建议其清洗发动机：“机油较脏时可能已经在发动机内部形成一层油泥，黏附在缸壁、活塞及气门等部位。单靠换机油除去不了这些油泥。现在我们有一种发动机免拆清洗剂，清洗后大部分油污、油泥等都会被抽出。但机油滤芯中总是残存一部分，所以建议您每次清洗发动机后一定要更换机油滤芯。这样做至少有两个作用：一是可以避免残存的油泥阻塞机油润滑油道；二是可以避免残存的油泥污染新换的机油。”换好机油滤芯，加好机油后，启动发动机，检查其运转是否正常。

(8)发动机声音柔和，运转正常，建议使用抗磨剂：“您的发动机声音听起来不错，一定是您勤于保养的缘故。不知您是否知道发动机单靠机油润滑来减少磨损还远远不够。抗磨剂能在发动机高速运转时进一步减少磨损和修复原来的磨损部位，增强发动机的密封性，动力得到加强，延长其使用寿命。”

通过这样合情合理的介绍，可以使客户增长相关知识，拉近与客户的距离，进而做更多的美容护理项目。

14 怎样提高服务水平，创造积极的工作环境？

(1)工作要有激情　如果一个人热爱本职工作，他每天就会尽自己所能力求完美，久而久之他周围的每一个人也会从他身上感染这种激情。通过热情服务来弥补自己的缺点，从而提高业绩。

(2)学会感激　感激同事为公司做的每一件事。所有的人都喜欢得到某人感谢他们为之所做的工作，人们都喜欢经常听到这种感谢，特别是当自己做了某项引以为自豪的工作时，任何东西也不能替代几句精心的措辞——那就是及时而真诚的感激言辞，不花一分钱但却珍贵无比。

(3)学会倾听　仔细、耐心倾听公司每一位员工所提出的意见和建议，特别是工作在第一线的员工——真正与客户进行面对面交流的人。他们才是唯一知道实际情况的，最了解客户需要什么、公司在哪些方面需要加强或改进。这实际上也就是全面提高服务质量的内涵所在。为了在公司内部实施有效的管理，明确各员工的责、权、利，使他们能够紧密配合工作，尤其是对管理者而言，必须时时倾听员工的意见和建议，随时知道他们在想什么，明白他们的意图。

(4)真诚服务　所有事情要做得比客户期望的更好。给予他们所需要的，并在此基础上额外增加一些免费服务，让客户处处体会到做“上帝”的感觉。妥善处理工作中的过失，如需道歉，一定要诚心诚意，不要找任何借口。如果你坚持一贯这样做，他们将会成为你永久的客户和最好的义务宣传员，从而为你引来更多的客户。

(5)学会控制成本　俗话说：“赚钱不如省钱”，必须严格控制公司的各项费用支出，并以自己为表率，督促员工遵照执行，这样你就在无形中提高了自己的竞争优势。

(6)及时总结和提高　及时给自己及公司制定预定目标，领导员工加倍努力，达到或超过预定目标，并及时组织员工热烈庆祝，总结经验，提高士气，力争下一个目标在此基础上有所突破。

二、汽车美容装潢用品

15 如何正确选用汽车清洗剂？

路边店洗车采用的清洗剂大都是洗衣粉、洗洁精等。虽然这些清洗剂能达到清洁车身表面的目的，但同时也会把车表的蜡层清洗掉，这是事与愿违的。更可怕的是这些清洁剂一般呈强碱性，对车身漆面及金属具有强烈的腐蚀性，导致漆面失光、锈蚀等现象发生。为此，特推荐选用以下几种专用清洗剂。

(1)不脱蜡洗车液　这种洗车液是目前国内外汽车美容行业广泛采用的一种水系清洗剂，也是人们日常洗车的首选洗车液。它一般由多种表面活性剂配制而成，具有很强的浸润和分散能力。它能够有效地除去车身表面的尘埃、油污，但又不会洗掉汽车表面原有的车蜡，防止“交通膜”的形成，保护车身不受各类有害物质的侵蚀，保持漆面原有光泽。采用不脱蜡洗车液洗车后不需要重新给汽车打蜡。常用的不脱蜡洗车液有英特使 M-2000 洗车液、龟博士 P-612 洗车液等。

(2)增光洗车液　其实它是不脱蜡洗车液的一种，但性能更优于普通的不脱蜡洗车液，也称为二合一香波。它是集清洗、上蜡增光于一身的一种超浓缩洗车液，使用后能在车漆表面形成一层高透明的蜡质保护膜，令漆面光洁亮丽，给人一种焕然一新的感觉。常用的增光洗车液有英特使 M-2001 香波。

(3)脱蜡洗车液　这种洗车液是目前国内外汽车美容行业广泛采用的一种有机清洗剂，是新车开蜡和在用车重新打蜡前洗车的首选洗车液。它主要用来除去车身表面的石蜡、油脂、硅酮抛光剂、污垢、橡胶加工助剂以及手印等。采用脱蜡洗车液洗车后，汽车出门前必须重新打蜡，否则会加速车漆老化。

16 常用车蜡的种类有哪些？

车蜡的主要成分是聚乙烯乳液或硅酮类高分子化合物，并含有油脂成分。但由于车蜡中富含的添加剂不同，其物质状态和性能上有所区别，因此划分为不同的种类。

(1)按物理状态分类　车蜡按物理状态的不同可分为固体蜡和液体蜡两种。在日常作业中，液体蜡应用相对较广泛，如龟牌蜡、即时抛等。

(2)按生产国别分类　车蜡按其生产国不同，可大体分为国产蜡和进口蜡。目前国内汽车美容行业使用的中、高档车蜡绝大部分为进口蜡，有进口蜡垄断之势；低档车蜡中，国产蜡占有较大的份额。常见进口车蜡多来自美国、英国、日本、荷兰等，如美国的龟博士系列车蜡、英国的特使系列车蜡、美国的普乐系列车蜡等。国产车蜡最常用的有即时抛等。

(3)按作用分类　车蜡按作用不同，可分为防水蜡、防高温蜡、防静电蜡及防紫外线蜡多种。

(4)按功能分类　车蜡按主要功能分为上光蜡和抛光研磨蜡两种。国产上光蜡的主要添加成分为蜂蜡、松节油等，其外观多为白色或乳白色，主要用于喷漆作业中表面上光。国产抛光研磨蜡主要添加成分为地蜡、硅藻土、氧化铝、矿物油及乳化剂等，颜色有浅灰色、灰色、乳黄色及黄褐色等多种，主要用于浅划痕处理及漆膜的磨平作业，以清除浅划痕、橘纹，填平组小针孔等。

17 车蜡的作用有哪些？

车蜡的主要作用有：

(1)上光　上光是车蜡的最基本作用，经过打蜡的车辆，都能改善其表面的光亮程度，使车身恢复亮丽本色。

(2)防水　汽车经常暴露在空气中，免不了风吹雨淋。如有水滴存留在车身表面，当天气转晴时，在强烈阳光照射下，每个小水滴就是一个凸透镜，在它的焦点处温度达 800～1 000 ℃，造成漆面暗斑，极大影响了漆面的质量及使用寿命。另外，水滴易使暴露金属表面产生锈蚀。高档车蜡可使水滴附着减少 90％以上，这样，大大降低了车身遭受侵蚀的可能性，最大限度地保护了漆面。

(3)抗高温　车蜡对来自不同方向的入射光可产生有效反射，防止入射光使面漆或底色漆老化变色。

(4)防紫外线　车蜡防紫外线作用与它的抗高温作用是并行的，紫外线的特殊性决定了紫外光较易于折射进入漆面，防紫外线车蜡充分地考虑了紫外线的特性，使其对车表的侵害得以最大限度地降低。

(5)防静电　汽车静电的产生主要有两个来源，一方面是纤维织物，如地毯、坐椅、衣物等的摩擦产生的；另一方面是汽车在行驶过程中空气中的尘埃与车身金属表面相互摩擦产生的。无论是哪种原因产生的静电，都给乘员带来诸多不便，甚至造成伤害。车蜡防静电作用主要体现在车表静电防止上，其作用原理是隔断尘埃与车表金属摩擦。由于涂覆蜡层的厚度及车蜡本身附着能力不同，它的防静电作用有一定的差别，一般防静电车蜡在阻断尘埃与漆面摩擦的能力方面优于普通车蜡。

18 怎样正确选择车蜡？

正确地选择车蜡是打蜡作业的关键。由于各种车蜡的性质不同，其作用效果也不一样，因此，在选用时必须谨慎。选择不当，不但达不到保护车漆的目的，反而会导致车身漆面变色。选择车蜡应遵循以下原则：

(1)根据气候条件和车蜡的作用来选择　车辆平常所处的运行环境及气候条件不一样，有的在城市，有的在农村，有的在干旱地区，有的在多雨的地区，等等。在这些不同的环境及气候条件下，汽车漆面所要承受的外界刺激就不相同，因此应该有针对性地为车辆选择最佳保护效果的车蜡。我国西北地区风沙比较大，宜选用汽车油蜡或汽车水彩蜡，因这两种蜡都能在漆面上形成一层坚韧的保护膜。我国南方一些城市宜选用英特使钻石镜面蜡，因为城市空气中有害物质较多，而这种蜡能有效地防止各种有害物质对漆面的侵害。夏季一般光照较强，宜选用防高温、防紫外光能力强的车蜡。

(2)根据汽车的档次来选择　中、高档轿车，其面漆的质量较高，宜选用高档进口车蜡；普通轿车或其他车辆，可选用珍珠色或金属漆系列车蜡。

(3)根据汽车漆面的新旧来选择　新车或新喷漆的车辆，应选用上光蜡，以保持车身的光泽和颜色；旧车或漆面有漫射光痕的车辆，可选用研磨蜡对其进行抛光处理。

19 对汽车底漆的性能有哪些要求？

底漆是直接涂布在已经过表面预处理的物体表面上的第一道漆(在修补涂装中也可直接涂布在旧漆表面上)。底漆涂层的主要作用是牢固地附着在物体表面，为涂层结构提供一个良好的基础，若直接涂布在裸露的金属表面，除以上作用外还具有提高金属防腐能力的作用。汽车用底漆中都含有优质的防锈颜料。

(1)底漆涂层与底材应有良好的附着性，并与中涂层或面漆涂层有良好的结合力，所形成的涂层应具有极好的机械性能(耐冲击性、硬度、弹性等)。

(2)底漆涂层必须具有极好的耐腐蚀性、耐水性和抗化学品性。底漆的原材料对金属无腐蚀作用，并能防止金属表面腐蚀性电池的产生。

(3)底漆应具有填平纹路、填补针眼和空洞的作用，且容易打磨修平。

(4)底漆与底材表面、中间涂层、面漆应有良好的配套性，以防出现涂装缺陷。

(5)底漆应有良好的施工性能，能适应汽车修补涂装工艺的要求。底漆涂层强度及结合能力大小，取决于涂层的厚度、均匀性及干燥程度等。

20 国产常用汽车底漆具有哪些性能和用途?

国产常用汽车底漆的性能及用途见表 2-1。

表 2-1 国产常用汽车底漆的性能及用途

涂料名称	用途	配套的面漆和稀释剂	特性
C06-1 铁红醇酸底漆	汽车修补涂装中多用作底漆	多用于涂装要求高的汽车上。能与硝基、过氯乙烯、醇酸等面漆及氨基烘烤漆配套，稀释剂为 200 号溶剂汽油、二甲苯或松节油	附着力强，防锈，力学性能好，能自干也能烘干，耐硝基、过氯乙烯漆咬底，缺点是耐潮湿性差
C06-12 锌黄醇酸烘干底漆	多用于铝镁合金等有色金属物的表面打底		
C06-17 铁红醇酸底漆	汽车修补涂装中多用作底漆		
Q06-4 各色硝基底漆	作为硝基面漆打底，汽车耐油部件表面及修补涂装底漆	与硝基磁漆配套使用，稀释剂是 X-1 或 X-2 硝基漆稀释剂	涂层干燥快，容易打磨
B06-1 锶黄、锌黄丙烯酸树脂底漆 B06-2 锶黄丙烯酸树脂底漆	用于在高温情况下使用的金属设备及轻金属如铝、镁合金等	与硝基、过氯乙烯、热塑性丙烯酸树脂等磁漆配套使用，稀释剂为 X-5 丙烯酸漆稀释剂	附着力强，耐候、耐热、防潮、防锈、防腐和防霉性能好

续表 2-1

涂料名称	用　途	配套的面漆和稀释剂	特　性
H06-2 铁红、铁黑、锌黄环氧树脂底漆	沿海或潮湿地区的金属件表面打底，其中铁红、铁黑环氧树脂底漆适用于钢铁件表面打底	与面漆的结合力差，常在二者之间加喷一层硝基或氨基底漆作为结合层，稀释剂是二甲苯、丁醇混合液	涂层坚硬、耐磨，机械强度高，若烘烤干燥，可提高涂层耐化学药品性及防锈性能，常与 X06-1 磷化底漆配合使用
H06-4 环氧高锌底漆	具有阴极保护作用，能渗入焊缝处，常用于防腐构件的电弧焊		
H06-10 环氧高锌底漆	具有阳极保护作用，用于汽车底盘部分金属表面		

21 腻子具有什么作用，如何分类？

底漆的主要作用是防止金属表面腐蚀和为后续涂层提供一个良好的附着基础，但底漆层较薄，对金属表面上的缺陷不能真正起到填补作用。为了改善金属表面的平整度，可以刮涂腻子。腻子俗称填泥，音译“补土”(Putty)。它是一种含大量体质颜料的涂料，专门用于填平构件表面上的不平整处。涂腻子必须在涂布底漆后进行。根据腻子的使用场合不同有可刮涂、刷涂和喷涂(油灰或二道浆)腻子。

在修补涂装中使用的腻子以成品腻子为主，自制腻子因其使用性能差而退出汽车涂装领域。常用的腻子有钣金腻子、不饱和聚酯腻子和快干腻子。

(1)钣金腻子　又称塑料腻子，主要用于修补车身钣金无法消除的凹陷，每次需刮涂的腻子层较厚。一般使用交联固化性(双组分)腻子，有利于腻子层彻底干燥固化。

(2)不饱和聚酯腻子　又称原子灰(双组分)，主要用于填补钣金腻子打磨后的砂痕或较浅的凹痕，其施工和打磨性较好（注意固化剂与主料的比例）。

（3）快干腻子　俗称拉克腻子、填眼灰，主要用于填补腻子层的小砂眼，干燥速度快，如硝基腻子和丙烯酸树脂腻子等。

22 汽车常用腻子具有哪些性能和用途？

汽车修补涂装中使用的腻子有自干型（氧化固化型和溶剂挥发型）、烘干型及双组分型。在选用腻子时，应结合具体的施工对象（如损坏的程度要求的涂装质量）灵活选用，特别要注意的是与底漆、面漆的配套性。

汽车常用成品腻子的性能及用途见表 2-2。

表 2-2　汽车常用腻子的性能及用途

品　种	类　型	特　性	用　途
Q07-5 各色硝基腻子	快干型	干燥速度快，附着力强，易打磨，但因其固体成分含量低，干燥后收缩较大	常用于客车、轿车修补时填补砂眼、孔隙或喷涂一层面漆后填平砂痕等
C07-5 各色醇酸腻子	常温自干型	腻子膜坚硬，耐候性好，附着力较强，不易脱落和龟裂，但一次刮涂不能过厚，以免影响干燥。可自干也可烘干	适用于客车、轿车上涂覆醇酸底漆的金属表面填嵌
H07-5 各色环氧腻子	常温自干型	腻子膜坚硬，耐潮湿性好，与底漆有良好的结合力	高级轿车涂装时的配套用料
H07-34 各色环氧烘干腻子	烘干型	具有刮涂性好、腻子膜固化后坚硬、表面光滑、耐潮湿、附着力好等特点	适用于中、高级轿车在修补涂装时的层间填平

续表 2-2

品　种	类　型	特　性	用　途
G07-3 各色过氯乙烯腻子	快干型	干燥速度快，打磨性、耐油性及附着力好，施工时不宜来回多次重复刮涂	适用于已涂有醇酸底漆或过氯乙烯底漆的金属或木质表面
A07-1 各色氨基烘干腻子	烘干型	附着力较好，干燥后易打磨	适用于已涂有底漆的金属表面上缺陷填平
Z07-1 聚酯腻子（原子灰）	双组分固化型	硬化时间短，附着力强，不受天气影响，刮涂操作方便，干燥后收缩小，易打磨且表面光滑，能与多种底漆、面漆配套使用，但不能在酚醛底漆、醇酸底漆上刮涂，以免脱落、起泡	在汽车修补中使用量最大

23 中间漆有什么作用，有哪几种类型？

如果通过刮涂腻子还不足以弥补表面缺陷，可以通过喷涂中间漆来进一步弥补。这样可以为喷涂面漆提供良好的基础，提高面漆的装饰性（丰满度和鲜映性）和整个涂层的抗石击性。中间漆就是内含体质颜料较多的中间涂料。

对于表面平整度好、装饰性要求不高的载重车、轻型车，几乎不涂中间漆，以降低成本。而对装饰性要求高的中、高档轿车，则必须采用中间漆。在以往的汽车涂层修补作业中几乎不使用中间漆，而在近几年的轿车翻新方面，中间漆才使用起来，主要作用是提高车身表面的平整度、消除缺陷和增加涂层厚度。中间漆包括以下 4 种类型。

（1）通用底漆　通用底漆又称底漆二道浆，它可直接涂布在金属表面(一般为两道涂布),既具有底漆的功能,又具有一定的填平能力,减少了涂装工序,降低了成本。

(2)中涂层涂料 中涂层涂料又称二道浆(油灰或喷用腻子)。其颜料和填料比底漆多而比腻子少,颜色一般为灰色。作用是填平被涂表面上的微小刮痕,并具有良好的流平性、湿打磨性。一般采用重力型喷枪或刮涂把涂料涂布在紧接面漆前的封底涂层上,以提高涂层的光泽度和丰满度。中涂层涂料的作用如图 2-1 所示。

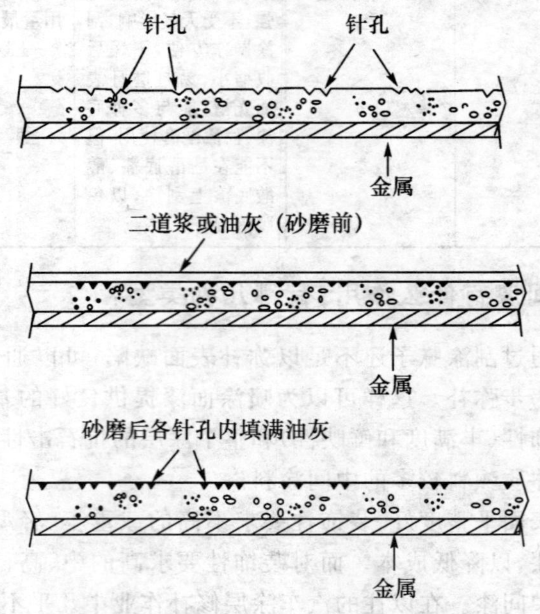

图 2-1 中涂层涂料的作用示意图

(3)封底漆 封底漆具有封闭和封固底涂层作用,它是涂面漆前的最后一道中间涂层。因其漆基含量介于底漆和面漆之间,光泽度较中涂层高。在喷涂封底漆涂层后,被涂物体表面上的缺陷就可显现出来，使操作者及时发现并消除之，因此也称其为“显影涂层”。由于性能更佳的中间漆的推出，该漆的用量越来越少，有时以面漆代替之。

(4)防渗封底漆和隔绝底漆　防渗封底漆的作用是防止旧漆层上的颜色(尤其是有机颜料)渗出。

隔绝底漆只在旧漆膜不耐上层涂料中的强溶剂时才使用，以防涂层出现“咬起”和起皱。

在修补用中间涂料中，常用单组分中涂料来填平，增强附着力和调节底色；而双组分中涂料主要用来封闭(防渗、隔绝层)底层，调节底色及灰度。

24 汽车常用中间漆具有哪些性能和用途？

汽车常用中间漆的性能及用途参见表 2-3。

表 2-3　汽车常用中间漆的性能及用途

型号/品名	特　性	用　途	施工方法
Q06-5 灰硝基二道底漆	涂层干燥快，易打磨光滑，填孔性较好且硬度高，但柔韧性差，耐老化性不好	专用于填平腻子孔隙及砂纸打磨留下的痕迹	常用喷涂法
C06-10 醇酸二道底漆	涂层细腻，干燥速度较快，易打磨光滑，与腻子和面漆的附着力强，对面漆的烘托性好	用于填平腻子层表面的砂眼、痕迹等	刷涂或喷涂
C06-15 白醇酸二道底漆	干燥速度快，易打磨光滑，与底漆层和面漆层的附着力强	用于涂面漆前对腻子层表面的砂眼、痕迹进行填平	刷涂或喷涂
G06-5 各色过氯乙烯二道底漆(封闭底漆)	涂层干燥速度快，填补性好，有一定的机械强度，与腻子配套使用可增强面漆的光洁度和附着力	主要用于填平针眼和打磨痕迹	喷涂

续表 2-3

型号/品名	特　性	用　途	施工方法
G06-8 灰过氯乙烯二道底漆	干燥速度快，打磨性好，并能封闭腻子膜而防止“返花”	可用作过氯乙烯底漆和腻子间的过渡涂层	喷涂
H06-12 环氧醇酸二道底漆	由环氧树脂、醇酸树脂、添加剂、溶剂及颜料混合后制成，常温下干燥，填密性好，易打磨	可用于已涂过底漆和腻子并经过打磨的金属表面的填平，能增强面漆的装饰性	喷涂
A06-3 氨基烘干二道底漆	附着力强，与腻子层和面漆层的结合力好，涂层细腻、易打磨，耐汽油性好	用于已涂底漆和已打磨平滑的腻子层的填平	喷涂

25 面漆具有哪些类型？

汽车面漆是汽车多层涂装中最后涂布的涂料，不但具有涂层色泽艳丽、光亮丰满的装饰效果，而且还应具有良好的保护性、耐水、耐磨、耐油及耐化学腐蚀性。面漆的类型有：

（1）溶剂挥发型　如硝基纤维素涂料、热塑性丙烯酸树脂涂料、各类改性的丙烯酸树脂涂料等。

（2）氧化固化型　如醇酸树脂涂料、丙烯酸改性醇酸树脂涂料等。

（3）热固化型　如热固性丙烯酸树脂涂料、热固性环氧树脂涂料，氨基醇酸树脂涂料、氨基丙烯酸树脂涂料等。

（4）双组分型　如丙烯酸-氨基树脂涂料、聚酯-聚氨酯树脂涂料、丙烯酸-环氧树脂涂料等。

（5）催化固化型　如湿固性有机硅改性丙烯酸树脂涂料、过氧化物引发固化丙烯酸树脂涂料、氨蒸气固化聚氨酯树脂涂料等。

以上是根据涂料的干燥机理对面漆进行分类的。如果按照面漆的装饰性进行分类，则可分为本色面漆、金属面漆、珠光色面漆和罩光清漆。另外还有单组分面漆、双组分面漆，烤漆、自喷漆等。

26 怎样选用面漆？

在选用汽车面漆时应从以下几个方面考虑。

(1)外观色泽　色彩鲜艳、光泽醒目、色差小、丰满度及鲜映性好。

(2)硬度和抗崩裂性　面漆涂层应坚硬耐磨，具有足够的硬度，以保证汽车在使用过程中不会因路面沙石的冲击和摩擦而被损坏。

(3)耐候性和抗老化性　耐候性和抗老化性是选择面漆涂料的重要指标之一。若选用的面漆耐候性和抗老化性差，则车身表面涂层在使用不久就会失光、变色及粉化等，直接影响汽车的装饰性。

(4)耐湿热和防腐蚀性　面漆涂层在湿热条件下不应起泡、变色、失光。对面漆的防腐蚀性要求虽不比底漆严格，但与底漆涂层配合使用后，能增强整个涂层的防腐蚀性。

(5)耐化学药品性　在车辆使用过程中，表面涂层难免与蓄电池电解液、润滑油、汽油、制动液及各种清洗剂等接触，但擦净后表面不应有变色、起泡或失光等现象。面漆必须有较好的耐化学药品性。

(6)修补时的匹配性　应与原车面漆相匹配，汽车修补用面漆既与原车面漆的性能相同，又与原车的表面漆色最接近，并能在60～80 ℃烘烤成膜，适应手工涂装。如果选用的面漆与原车漆层的性能不同或者调配的面漆颜色(色调、色度及亮度)不同，会造成修补区的面漆起皱、剥离、咬底等现象或修补区与原车色差太大。

(7)施工性能　生产线上使用的高温面漆，应与涂装方法、涂装工艺相适应；在装饰性要求高的时候要具有良好的抛光性能。

面漆还应具有较好的重涂性(即无需打磨就可再涂,结合力良好)和修补性。

27 常用修补面漆具有哪些性能和用途?

(1)硝基纤维素涂料——硝基漆　硝基漆是杜邦公司在1924年研制并推出的,由硝基纤维素、不干性醇酸树脂及增韧剂、颜料、溶剂等组成。因其施工方便、适应性强、涂层均匀、干燥速度快、易于打磨等特点,成为汽车修补涂装中应用最多的涂料之一。但硝基漆的耐候性差,涂层容易泛黄,为此,出现了改性的硝基漆,如用热塑性丙烯酸树脂改性的硝基树脂制成的硝基纯色漆,改善了硝基纤维素的性能。国内生产的硝基漆中加入了有机硅改性的醇酸树脂和丙烯酸改性的醇酸树脂。汽车常用硝基漆的性能及用途见表2-4。

表2-4　汽车常用硝基漆的性能及用途

型号/品名	性　能	用　途
Q01-1 硝基清漆	涂层光泽度和耐候性好	可作为硝基面漆的罩光涂层,或调入色漆中起内罩光作用,用量一般为50～70 g/m^2
Q01-23 硝基烘干清漆	涂层光泽度好,硬度高,耐汽油和机油性好,耐水性优于Q01-1,可打磨抛光,但韧性较差	可作为各种烘烤物面的罩光,如汽车空气滤清器等,用量一般为50～100 g/m^2
Q04-2 各色硝基外用磁漆	涂层干燥快,外观平整光滑,耐候性较好,可打磨抛光	可用于要求快干的表面
Q04-17 各色硝基醇酸磁漆	涂层光泽度和耐候性比Q04-2好,但打磨抛光性差,涂层3个月后硬度提高,可借上光蜡保护涂层的光亮	适用汽车或机械外表,用量一般为120～240 g/m^2

续表 2-4

型号/品名	性 能	用 途
Q04-31 各色硝基磁漆（639 轿车硝基磁漆）	涂层光亮平滑，耐温性及机械强度好，户外耐久性优于一般外用磁漆	一般用于高级轿车，用量一般为 160～200 g/m²
Q04-32 各色硝基半光磁漆	涂层反光不大，但户外使用容易粉化	可用于一般战车和运输车辆，用量一般为 180～270 g/m²
Q04-34 各色硝基磁漆（110 或 1 号轿车漆）	涂层干燥快，光亮丰满，硬度高，抗划伤性好，耐油和耐候性较好，但韧性差	一般用于轿车，用量一般为 160～200 g/m²。
Q04-35 硝基静电磁漆	涂层光泽性好，干燥快，机械强度好，易于打磨抛光	用于汽车金属表面的保护性涂装，既可静电喷涂，也可手工喷涂，用量一般为 120～200 g/m²

(2)醇酸树脂漆　醇酸树脂漆是杜邦公司 1929 年推出的第一种合成树脂涂料，是继硝基漆后的第二种重要涂料。醇酸树脂漆是以醇酸树脂为主要成膜物质制成的一类涂料。可浸涂、刷涂和喷涂，自然干燥或低温烘烤干燥。醇酸树脂漆的特点是：涂层属氧化聚合性干燥，干燥后能形成高度的网状结构，不易粉化、退色，保光保色性好；涂层柔韧坚实，耐摩擦、耐矿物油及醇类溶剂性能好；若采用烘烤干燥，则涂层的耐水性和耐油性大大提高；与硝基、过氯乙烯树脂涂料的配套性好，但若在醇酸树脂漆上涂布溶剂挥发性漆时，必须在醇酸树脂漆完全干燥后进行，否则会产生咬底或起皱。

醇酸树脂漆也存在着如涂层干燥速度慢，工效低，打磨抛光性较差，耐水性、耐碱性及“三防”性差等缺点和不足，已逐渐被氨基漆、双组分面漆所取代，但在一些涂装质量要求不高的场合仍在继续使用。

汽车常用醇酸树脂漆的性能及用途见表 2-5。

表 2-5 汽车常用醇酸树脂漆的性能及用途

型号/品名	性 能	用 途
C01-1 醇酸清漆	中油度,涂层的附着力、耐久性、柔韧性、硬度及耐冲击强度等比酯胶清漆好,但耐水性差,由于该涂层易变黄,一般不单独使用,而是与醇酸磁漆按一定比例混合使用	用于刷涂、喷涂汽车内外金属和木材表面及作为醇酸漆的罩光用,用量为 40～60 g/m^2
C01-5 醇酸清漆	中油度,涂层干燥速度快,平滑光亮,有一定的保光保色性,耐水性优于 C01-1,但韧性差	主要用于醇酸和氨基磁漆的罩光涂饰,因涂层干燥速度快,适用于喷涂施工,用量为 40～60 g/m^2
C01-7 醇酸清漆	长油度,涂层附着力、耐候性比 C01-1 好,但耐水性差	一般用于汽车铝镁合金或铝制品的罩光,也可与 C04-2 混合使用,用量为 40～60 g/m^2
C01-11 醇酸酚醛清漆	涂层干燥快,耐水性稍好于普通醇酸磁漆,韧性、抗冲击强度及附着力差	仅用于调配腻子,或与醇酸底漆混合使用
C04-2 各色醇酸磁漆	中油度,涂层具有良好的光泽和机械强度,耐候性比调和漆、酚醛磁漆好,适合户外使用,但耐水性较差,如果在 60～70 ℃下烘烤则可提高耐水性	是汽车修理厂的常用涂料,可与醇酸底漆、醇酸腻子配套使用,用量为 60～80 g/m^2
C04-18 各色醇酸磁漆	中油度,涂层干燥快,坚硬光亮,保光保色性好,耐水性比 C04-2 好,但韧性比 C04-2 差	涂层干燥快,适合于喷涂,每层厚度 20 μm,用量为 50～80 g/m^2

续表 2-5

型号/品名	性能	用途
C04-42 各色醇酸磁漆	长油度,具有良好的耐候性和较好的附着力,但边干时间较长	适合于露天施工的工程车辆,可与醇酸底漆、醇酸腻子配套使用
C04-43 各色醇酸无光磁漆	涂层无强烈的反光刺激,耐久性和耐水性较好,但耐晒性差	适合于客车车厢内部板件的涂饰,也可在军车上外用,用量为 70～90 g/m²
C04-44 各色醇酸半光磁漆	涂层坚硬耐磨,附着力好,室外耐久性较好	适合于军用车或其他车辆的涂装,也可用于车辆内部的涂饰,不宜在潮湿的热带地区使用,用量为 70～90 g/m²
C04-46 各色醇酸无光磁漆	涂层平整光滑,耐久性、柔韧性、耐冲击性等比有光醇酸磁漆差,但耐水性好,若在 100 ℃以下烘烤干燥,则性能比在常温下干燥更好	适合于车厢内部的涂饰,用量为 60～90 g/m²
C04-48 各色醇酸磁漆	涂层坚韧光亮,颜色鲜艳,耐汽油、机油性及耐热、耐候性好,附着力良好,并具有一定的耐水性	喷涂为佳,刷涂也可,适合于汽车外表涂饰
C04-49 各色醇酸磁漆	涂层附着力、耐油及耐水性均好	适合于汽车驾驶室或零部件的涂装
C04-50 各色醇酸磁漆	涂层附着力、耐水性及耐油性好	适合于汽车车厢的涂饰,用量为 50～80 g/m³

(3)聚氨酯漆　聚氨酯漆涂层丰满、光亮、机械强度及耐候性好,施工性能、低温固化性能等优于其他涂料,是当今汽车修补涂料中应用最多、市场份额较大的涂料之一,大有完全取代丙烯酸树脂涂料而位居目前修补漆之首的趋势。聚氨酯漆是双组分涂料。

汽车常用的聚氨酯涂料有：

①S01-1 聚氨酯清漆（分装） 其组分一为异氰酸酯预聚物（TDI），组分二为含羟基丙烯酸树脂、助剂及溶剂等。涂层丰满，光泽好，坚韧耐磨，具有较好的附着力、保光性和一定的耐油性，广泛应用于交通车辆、仪器仪表、轻工产品及 ABS 塑料表面的罩光。

②7650-聚氨酯清漆（分装） 其组分一为含羟聚酯的有机溶剂，组分二为 7312 聚氨酯固化剂。自干，涂层附着力强，柔韧，耐冲击，具有良好的耐水、耐热、耐候性，并可耐各种油类和化学介质的腐蚀。主要用于飞机、轿车的涂装。

③聚氨酯汽车漆（分装） 其组分一为多异氰酸酯聚合物，组分二为含羟基丙烯酸树脂、颜料、助剂和聚氨酯溶剂调制而成，使用时按比例调和均匀。自然干燥，涂层色彩艳丽而光亮，柔韧，耐冲击、耐磨，有优良的保光保色性和一定的耐水、耐油和耐化学腐蚀性，主要用于各种车辆的修补涂装，也可作为飞机、火车、摩托车、家用电器涂装面漆。

④7182 各色聚氨酯磁漆（分装） 其组分一是由含羟基的聚丙烯酸酯与颜料混合研磨，再加入有机溶剂调制而成；组分二为 H-5 聚氨酯漆固化剂，使用时按（6～8）：1 的比例混合后涂装。涂层丰满光亮，附着力强，硬度高，保光、保色及耐磨性好。聚氨酯漆一般只需喷两次即可达到满意的效果。

(4)氨基树脂漆 氨基树脂漆是以氨基树脂和醇酸树脂为主要成膜物质的一种涂料，它具有两种树脂的优点，弥补了各自的不足，是一种优质的热固性汽车面漆。一般采用烘烤干燥，以增强涂层的附着力、硬度及耐水性等。氨基树脂漆按含有醇酸树脂的多少分为高氨基、中氨基和低氨基树脂漆。

高氨基树脂涂料：氨基树脂：醇酸树脂＝1：(1～2.5)

中氨基树脂涂料：氨基树脂：醇酸树脂＝1：(2.5～5)

低氨基树脂涂料：氨基树脂：醇酸树脂＝1：(5～7.5)

氨基类树脂漆清漆颜色浅，涂层外观光亮丰满，色彩鲜艳，涂层坚韧，附着力好，机械强度高，涂层干燥后不回黏，耐候性及抗粉化能力强，且具有良好的耐水性、耐磨性和电绝缘性等。氨基树脂含量高，则涂层的硬度、光泽度及耐油、耐化学性能就越高，但涂层的韧性和附着力差，所以，一般多采用中氨基树脂漆。

汽车常用氨基树脂漆的性能及用途见表2-6。

表2-6　汽车常用氨基树脂漆的性能及用途

型号/品名	性　能	用　途
A01-1 氨基烘干清漆	氨基树脂含量较低，涂层丰满，坚硬光亮，附着力好，耐水、耐油及耐磨性较好	可用于氨基烘漆和H05-6环氧烘漆的表面罩光，烘烤温度110～120℃
A01-8 氨基烘干清漆	涂层坚硬，丰满光亮，附着力好，不易泛黄变色，具有良好的耐水、耐油性	可用于氨基烘漆和H05-6环氧烘漆的表面罩光，烘烤温度110～120℃，可喷涂也可静电喷涂
A01-9 氨基烘干清漆	涂层坚硬，光亮平滑，耐潮、耐候性好	适合于面漆的表面罩光，主要用于自行车、缝纫机、摩托车、热水瓶等表面的罩光
A01-10 氨基烘干清漆	涂层坚硬光滑，装饰性好，且具有良好的耐候性、耐潮湿性	适合于汽车、轿车表面的罩光
A04-9 各色氨基烘干磁漆	涂层鲜艳、光亮、丰满，附着力强，耐水、耐油及耐磨性好	可与X06-1磷化底漆和H06-2环氧底漆配套使用.适合于中级轿车或汽车保护性装饰

续表 2-6

型号/品名	性　能	用　途
A04-11 各色氨基烘干磁漆	涂层颜色鲜艳光亮，装饰性好，具有良好的耐候性和耐湿热性能	可供各种车辆的金属表面使用
A04-15 各色氨基烘干磁漆	涂层附着力好，硬度高，耐候性比一般氨基漆好，可使用 5～6 年以上	可供轿车、普通车辆、交通工具及户外金属表面防腐涂装
TM-01 各色氨基烘干汽车面漆	是以特种氨基树脂、超短油度醇酸树脂为主要成膜物质的一种涂料，涂层色彩鲜艳，平整光滑，硬度高	可供各种卡车、轿车、旅游车、客车等表面涂装
3S-01 氨基烘干汽车漆	是以特种树脂、超短油度醇酸树脂为主要成膜物质的一种涂料，涂层平整光滑，硬度大，色泽鲜艳丰满	可供各种卡车表面涂装

(5)金属闪光漆　金属闪光漆也称多色油漆、双色效应涂料。涂层在阳光照射下具有闪烁的金属光泽，而且可随着观察角度的不同产生光的畸变，给人一种晶莹透彻、奇妙莫测的感觉。由于其特殊效应，已被广泛应用于轿车表面涂装。

金属闪光漆由主要成膜物质、颜料、金属颗粒、溶剂、分散剂等组成。其中金属颗粒是产生闪烁效应的主体，其主要成分是片状金属颜料(以铝粉为主)和珠光颜料(云母颜料)。

表面光滑如镜的片状金属颜料对入射的光线有定向反射作用(片状金属在涂层中平行排列)，反射的光线经涂层中的颜料选择吸收后呈现出漆面的颜色。由于是定向反射，所以从不同的角度观察，将产生不同的明亮度。若铝粉在涂层中呈不规则排列，将会使涂层的正、侧面的明度差小；若铝粉在涂层的底部，又会使表面呈现较暗的颜色,如图 2-2 所示。

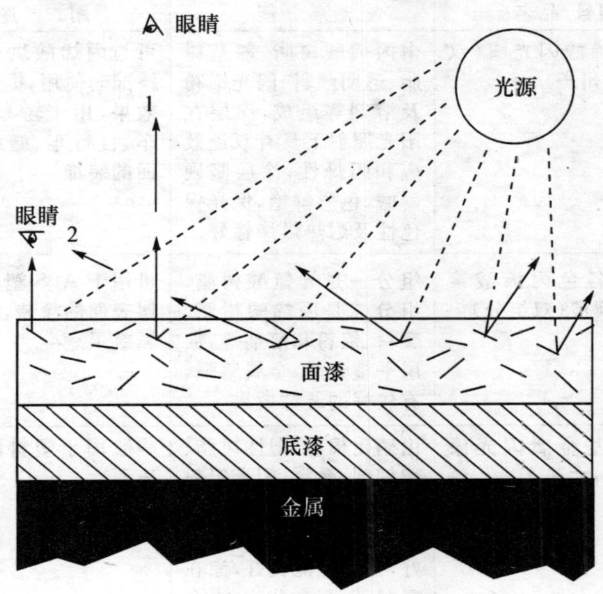

1.正面反射光 2.侧面反射光

图 2-2 从正面、侧面观察到的金属面漆的颜色

金属闪光面漆中金属颜料的排列如同房上的瓦片一样,使金属涂层除具有随角效应外,还具有耐磨、耐候、耐高温及抗腐蚀性等。

汽车常用的金属闪光面漆见表 2-7。

(6)烤漆　烤漆也叫烘漆,是按涂料的成膜方式分类而得的。此类涂料属热固型,其涂层不能自然干燥,必须经过烘烤才能固化成形。经烘烤干燥的涂层在硬度、附着力、耐久性、耐油性、耐水性及耐化学品等方面比自然干燥的涂层要好得多。如油性烘漆、醇酸烘漆、氨基烘漆、环氧烘漆等。

表 2-7 汽车常用金属闪光面漆的性能和用途

型号/品名	性能	用途
各色丙烯酸闪光漆（双组分，常州产）	由丙烯酸树脂、氨基树脂、透明颜料、闪光铝粉及溶剂等组成，涂层在阳光照射下具有双色效应和闪烁性，涂层坚硬耐磨，色彩鲜艳，保光保色性及耐热烘烤性好	可与丙烯酸烘干型清漆配套使用，提高闪光效果，用于轿车、摩托车、自行车、缝纫机表面的装饰
B04-37 各色丙烯酸聚氨酯金属漆（双组分）	组分一是异氰酸树脂，组分二是丙烯酸树脂、颜料、铝粉和溶剂等，涂层平整光滑，金属感强，有较好的装饰效果	可用于 ABS 塑料和金属表面的涂装，增强金属效果
各色硝基金属闪光漆（双组分，大连产）	由硝化棉、热塑性树脂、增韧剂、颜料、闪光铝粉和有机溶剂等组成，对 ABS 塑料的附着力极好，机械性能良好，涂在塑料表面有优良的金属感	一般用于塑料制品的表面
812 各色金属闪光漆（双组分，重庆产）	由硝化棉、醇酸树脂、顺酐树脂、颜料、铝粉和有机溶剂等组成，干燥速度快，涂层具有美丽变幻的双色效应	可用于室内金属制品的表面涂装，也可用于局部闪光漆的修补
各色氨基烘干金属闪光漆（双组分，重庆产）	组分一是氨基树脂、醇酸树脂、透明颜料和有机溶剂，组分二是闪光铝粉浆，涂层在阳光照耀下晶莹透彻，闪烁多变，色彩艳丽，光亮坚硬，具有较好的保光保色性和耐久性	适用于轿车、摩托车、自行车、缝纫机等金属制品的表面保护性和装饰性涂装

续表 2-7

型号/品名	性　能	用　途
各色氨基烘干闪光磁漆（金华油漆厂产）	由氨基树脂、醇酸树脂、透明颜料、闪光铝粉、有机溶剂等组成，涂层坚硬耐磨，具有良好的耐水、耐油性及保光、保色性，在光线照射下有闪烁的金属光泽，随视角的不同而产生光的畸变，能产生出晶莹透明、奇妙莫测的感觉	广泛应用于轿车表面的保护性和装饰性涂装

烘漆的烘干温度和烘干时间对涂层质量影响很大。如果烘烤温度过低、烘烤时间过短，则涂层软、性能差。如果烘烤温度过高、时间过长，则涂层发脆，甚至烤焦变色。如果没有达到烘烤温度，即使延长烘烤时间也不能使涂层固化。

在烘漆喷涂完后，必须放置一段时间，使涂层中的溶剂有充分的挥发时间（晾干），然后按规定的烘干温度和时间进行烘烤干燥。这样不仅可减少烘烤间积存过多的溶剂，也可使涂层表面比较光滑。

(7)自喷漆　自喷漆是制造厂把涂料和稀释剂加压后储存在专用容器内，用户只要打开盖子，上下反复摇晃几下，按下容器顶部开关涂料就会喷出。

自喷漆一般用于修补面积小、质量要求不高、颜色与原车相同的卡车、客车。

28 车膜的种类有哪些？

车膜按颜色不同可分为自然色、茶色、黑色、天蓝色、金黑色、浅绿色和变色等品种；按功能不同可分为普通膜、防晒太阳膜和防爆太阳膜等；按产地不同可分为进口车膜和涂层国产车膜。部分进口车膜的品种及特性见表 2-8。

表 2-8 部分进口车膜的品种及特性

产品系列	产品代号	透光率(%)	隔强光率(%)	防紫外线率(%)	防爆效果
美国3M 系列	6630	35	60	98	
	7710	21	76	99	优良
	8383	35	58	98	
	9010	30	70	99	优良
美国MADICO系列	AL-21	21	85	99	优良
	AL-25	25	85	99	
	AL-28	30	75	99	
	AL-35	35	85	99	优良
	AL-320	35	85	99	优良
	AL-321	35	85	99	优良
	AL-300	30	70	99	
	336	30	75	99	
日本FSK 系列	500S	35	82	99	优良
	600S	25	85	99	优良
	035S	35	80	99	优良
	035BL	35	75	99	优良
	835BR	35	78	99	优良

29 汽车防爆太阳膜有哪些功用?

(1)改变色调　车膜可以改变车窗玻璃全都是白色的单一色调,给汽车增添美感。

(2)隔热降温　车膜可以减少光线照射强度,起到隔热作用,保持车厢凉爽,从而降低空调负荷,节约燃油。

(3)防止爆裂　当汽车发生意外时,防爆车膜可以防止玻璃爆裂飞散,避免事故中玻璃碎片对司乘人员造成伤害,提高汽车安全性。

(4)保护肌肤　阳光中的紫外线对人体肌肤具有一定的伤害，车膜可有效地阻挡紫外线，对肌肤起到保护作用。

(5)单向透视性　车膜的单向透视性可以遮挡来自车外的视线，增强隐蔽性。

30 怎样选择合适的车用防爆太阳膜？

车用防爆太阳膜的选择必须注意以下几个方面：

(1)颜色的选择　一般选择较淡的颜色为好，如绿色、天蓝色、灰色、棕色、自然色等，这样眼睛会感到很舒服。优质膜都是浅色的，又很隔热。也可以根据车身颜色和个人爱好来选择颜色。

(2)价位的选择　由于太阳膜选用的材质及制造工艺不同，其价格差异很大。普通太阳膜材料选用混合铝，价位较低，防爆能力也相对较差；好的防爆太阳膜采用镍、钛、铬等金属经特殊工艺贴合处理而成，价位高，防爆性、夜视性和耐磨性均较优良。

(3)质量的选择　市面上出售的车膜品种繁多，质量差异很大。其质量鉴别方法有：

①看　首先要看遮眩光率和透光率。良好的遮眩光率和透光率能降低阳光的炫目程度，既保证了驾驶员在各种气候环境下都能拥有清晰的视野，同时在开车时也不会产生刺目的感觉。优质车膜的遮眩光率应在59%～83%，透光率应在70%～85%。不论车膜的颜色深浅，在夜间的可视距离要确保在60 m以上，而劣质膜则会有雾蒙蒙的感觉。其次要看颜色。优质车膜的颜料渗透在车膜中，是一种高科技产品，不易变色，在粘贴过程中经刮板作用不会发生脱色，而劣质车膜则会有颜色脱落现象。如撕开车膜的内衬后用牙齿咬磨一下，劣质车膜则会在咬过的地方发生颜色脱落而变为透明，这种车膜一年以后则会退色。最后要看气泡。撕开车膜的塑料内衬后再重新合上，劣质车膜会起泡，而优质车膜则完好如初。

②摸　优质车膜用手摸时有厚实平滑感，劣质膜手感薄而脆。

③试　对于车膜的隔热性只凭肉眼看和手摸是很难鉴别的，可以通过一个简单的测试方法作比较：在一个碘钨灯上放一块贴着车膜的玻璃，用手感觉不到一丝热的是优质车膜，而立即有烫手感觉的则是隔热性较差的劣质车膜；也可以剪下一小块膜，在地下擦拭或拿化油器清洗剂试验，容易掉色的是劣质膜，而擦不掉颜色的是好膜。

④选　查看其是否有质量保证卡，选择保质期。好的膜保质期通常为 5 年，长的可达 8 年。在保质期内正常使用，膜不退色，金属层不脱落，膜层不脱胶。

31 汽车车身贴花怎样分类？

汽车车身贴花是近几年来流行的一种车身装饰，可分为固定型贴花和随意型贴花两种。车身彩条大多属于固定型贴花，是汽车出厂时生产厂家就已设计粘贴好了的，创意和形式都较为呆板。随意型贴花是车主根据自己的个人喜好随意添加的车身图案，创意和形式都很新潮，是人类个性化的体现，所以也称汽车车身个性贴花。

32 怎样选择质量好的车身个性贴花？

如果车主选择的车身个性贴花质量不好，时间不长就会脱落，车身上不但留下很难看的胶状物质，而且车漆也会被破坏。

目前国产品牌的车身个性贴花与进口品牌的车身个性贴花质量差距比较大，因此汽车美容中心的员工在向车主介绍个性贴花产品时应主要从以下三个方面进行介绍：

(1)耐用性　质量好的个性贴花寿命可以达到与车身寿命相同，一些国际个性贴花品牌的质量保证期可以达到 8～10 年。不过，这些个性贴花产品大多集中在汽车生产厂家，或者是作为汽车零部件的形式出现在各个汽车厂家指定的维修服务站。

现在汽车零售市场的国产个性贴花的质量保证期与进口个性贴花产品的质量保证期相比较则要短得多。虽然其中不乏一些印刷厂使用品质很好的“3M”、“macfleet”材料所印制的个性贴花，但这些材料其实并不是专门提供给汽车个性贴花使用的，而是用于广告标志贴花的材料。由于汽车的使用环境恶劣，且贴花的使用期限也要求高于广告招贴牌的，所以，即使是使用了“3M”、“macfleet”材料的个性贴花，质量也不容易保证。

(2)印刷技术　先进的印刷技术会带来车身个性贴花内容形式的突破。很明显，一些独特印刷技术应用于车身个性贴花，会带来车子外观的不同视觉效果。如赛欧车贴花的中间就有一条色带，从不同的角度看，会呈现不同的颜色。

(3)设计能力　一般来说，一些国际汽车贴花大公司都拥有专业的贴花设计队伍，他们手中掌握了许多汽车个性贴花的流行、时尚元素，可以将车身外饰设计做到时尚最前沿。目前国内从事汽车车身个性贴花印刷的厂家，大部分还停留在仿冒进口汽车个性贴花产品的阶段。

33 怎样选用桃木内饰？

进行桃木装饰最好选用原厂标准件安装。原厂标准件是桃木片与原装置的标准塑料或金属件复合为一体的部件，其表面经过非常严格的亮漆处理，面漆经过硬度、耐光性、高温 90 ℃与低温 −40 ℃等长时间循环试验。用原厂标准件安装，不需用胶水或其他胶贴。

由于汽车厂家从开发到批量生产的程序复杂，新款或改装的车款要 1～2 年才能全面推向市场，因此未能及时满足国内市场对新产品的需求，形成大量用户在购买新车后寻求改装以达到豪华效果的市场行为。但目前市场上有各种所谓豪华车内饰件，绝大部分不是原厂产品。用户安装后不但不能达到原厂豪华内饰设计的效果，反而影响汽车的质量与安全性能。以方向盘为例，它是汽车上很重要的安全件，与车辆操控有直接关系。目前市场上大部分可购买到的豪华方向盘都不是原厂方向盘。主要分两种，一种是在原来方向盘上加皮套或木纹塑料套，此装置大大影响了驾驶员对车辆转向的操控，因为加上外套后方向盘总圆直径与抓手部分的小圆直径都加大，影响转向的行程，而外套使用时间长了与原方向盘的接触也不稳固。另一种是在自制方向盘上加一个通用的连接器。此装置比第一种的危险性更大，因为原厂方向盘的骨架是经过非常严格的原厂测验，除了保证正常使用外，发生意外时不会断裂。而上述方向盘绝大部分是没有原厂骨架，只是自制木圈或金属圈，车辆遇到撞击，驾驶员是非常危险的，而通用连接器不能把方向盘与转向柱像原厂一样直接连接在一起。汽车厂在整车设计时，驾驶员的操控舒适性与安全性是非常重要的，而方向盘是驾驶员操控最多、最直接的部件，决不能使用不符合原厂标准的部件。

目前市场上大部分的桃木饰件需要用胶水或双面胶纸粘贴，表面是一层印刷木纹的软塑料或薄木片，胶贴完成后会发现大部分的圆弧位置没法贴合或很容易松脱，脱落后的胶纸或胶严重影响原塑料件的外观，整体效果除了不如原厂原件外，加上外贴件的厚度，更会影响一些开关按钮的行程。车辆在夏季露天停放，车厢内温度可达 80～90 ℃，部分表面软塑料因承受不了高温而脱落或发出异味。而表面桃木薄片因没有经过特殊加工处理，无论在夏季或冬季，都容易因热胀冷缩而破裂。

34 怎样选用汽车坐垫？

汽车坐垫按材质不同分为纯毛坐垫、混纺坐垫和帘式坐垫三类。

(1)纯毛坐垫　具有乘坐舒适、柔软性好、透气性能优良等特点,同时还可以有效防止车室静电产生,但价格较高,适用于中、高档汽车。

(2)混纺坐垫　根据原料不同,可细分为棉麻混纺坐垫、棉毛混纺坐垫等。其中棉麻混纺坐垫具有透气性能优良、韧性强、易于日常清洁护理等特点,但若护理不当会变黄,影响视觉效果。混纺坐垫含棉毛量越高,其柔软性越好。还有一类化纤与棉麻混纺坐垫,价格低,透气性好,但易产生车室静电,适用于中、低档汽车。

(3)帘式坐垫　一般用硬塑制品或竹制品串联而成,其透气性极佳,适用于高温季节或在车室空调环境不良的情况下使用。

选用汽车坐垫时应考虑下面几个因素:

①气温条件　当气温不高时应选用柔式坐垫,利于保温,并提高舒适性;高温季节应选用帘式坐垫,以利于降温防暑。

②汽车档次　中、高档轿车可选用材质好的纯毛坐垫或保健坐垫。

35 怎样选择汽车用儿童坐椅?

随着近几年人们生活水平的提高,私家车拥有量的激增,汽车驾乘安全方面的意识亦急需普及。儿童反应能力、身体抵御撞击的能力都比成年人要弱,所以儿童在乘坐汽车时需要更多的照顾与保护。许多发达国家的法律规定:小于12岁和身高低于150 cm的儿童必须被安全地置于正式批准生产的合适的儿童保护装置内。

儿童安全坐椅的品牌及种类很多,总体上分为两大类,一类是“筒形包覆式”,另一类是简单的“垫高式”。

“筒形包覆式”适合较小的婴幼儿,它不仅能将儿童的体位垫高,更可将儿童紧紧地固定在坐椅上,令其无法擅自活动。这种坐椅有些直接使用车上的安全带,有些则另附可提供理想保护的自配四点式安全带。这类坐椅多数制作精良，设计出色，不会令儿童产生抗拒或反感情绪，但价格较高。

“垫高式”坐椅使用简便，占用空间也小，且价格还算便宜，但它只适合年龄较大些的儿童。它将坐位加高，使横跨儿童身体的安全带不致勒住儿童的颈部，同时儿童被垫高后很难自行打开安全带扣锁。

36 车用香品有什么功能？

车用香品的主要成分是香精，释放出来的香气可以清除异味、清脑、镇定；另含有一种叫酵素的化学成分，能缓缓释放具有氧化作用的气体，可以分解臭气和杀菌。它有以下功能：

(1)保持车内空气卫生　车用香品能够起到净化空气的作用，比如清除异味、杀灭细菌。

(2)有利于行车安全　车用香水能够制造一个清香怡人的车内空气小环境，具有使人头脑清醒、解除抑郁和使人镇定等功效，从而减少行车事故。

(3)增添车内情趣　车用香品不但能营造温馨而舒适的车内小气候，而且能增添浪漫氛围。

37 怎样选购车用香品？

(1)选购原则

①因季节而异　在寒冬或炎夏，如果车内经常开空调，须选用具有较强挥发性的车用香品，以便有效地除去空调机的异味，而在冷暖适宜的春、秋，则不必考虑挥发性要求，可以挑选喜爱的香型。

②因工作而异　如果驾驶员或乘员从事的是极具挑战性和刺激性的工作，驾车时为保持一种平衡的心态，不妨挑选镇定功效较好的香型，比如清甜的鲜花香气、清凉的药草香气、宜人的琥珀香气等。

③因习气而异　如果驾驶员或乘员习惯抽烟，应选用浓郁的药草香、清新的绿茶香、甜润的苹果香等，以有效地除去烟草中的刺激气味，而不选用气雾型，因为这种香品容易着火。

④因性别而异　总的来说，大多数女性喜欢各种清甜的水果香、淡雅的鲜花香，而男性则选择外观造型比较简练的，且以古朴为佳。如果造型过于夸张、色彩过于艳丽，则反使人感到不适。

⑤因车辆而异　香品的颜色、包装品的造型本身便是一种艺术品，要根据车型、车饰的状况，使香品的外观、造型与车饰和谐一致，讲究整体协调美。

(2)选购指南　仔细阅读产品说明书，检查产品质量，查看密闭性的好坏。注意产品的生产日期，有些芳香材料制成的车用香品超过使用期限或保存期限，不仅达不到应有的效能，反而会成为污染源。

38 车内小饰品有哪些种类？

车内小饰品按照与车体连接形式的不同可分为吊饰、摆饰和贴饰三种。

(1)吊饰　将饰品通过绳、链等连接件悬挂在车内顶部的一种装饰。吊饰按饰品的内容可分为以下四类：

①图片类　主要有伟人照、明星照、佛像等饰品，有的是金属或陶瓷制成，也有的是照片直接塑封而成。

②徽章类　主要有国徽、会徽、名车商标、企业标志等饰品，一般用金属材料制作。

③花果类　主要有彩花、水果等饰品，用绸缎、塑料等材料制成。

④动物类　主要有犬、猫等宠物饰品，用毛绒和陶瓷等材料制成。

(2)摆饰　将饰品摆放在汽车控制台上的一种装饰。主要的摆饰物品有香品、地球仪、水平仪、报时器、国旗及精美的珍藏品等。

(3)贴饰　将图案和标语制在贴膜上,然后粘贴在车内的装饰。图案主要有名车商标、明星照片及公益广告等;标语主要是对驾驶员及乘员的提醒或警告语,如"注意安全"、"车内严禁吸烟"等。

39 汽车行车报警装置有哪些种类?

(1)超速报警装置　随着汽车动力性的提高和我国道路交通条件的改善,汽车行驶速度越来越快,但高速行驶往往也是酿成交通事故的主要原因之一。为了防止超速行驶,可在汽车上安装超速报警器。当汽车行驶速度超过一定数值时,报警器的音调发生器便使扬声器发生声响,提醒驾驶员适当减速或集中精力观察前方交通情况。

(2)超车报警装置　驾驶员会因高速行驶的汽车噪声干扰而听不到后面汽车发出的超车信号,特别是白天,前面车的驾驶员目光不可能总是盯着后视镜,而后面车的驾驶员也不可能长时间尾随其后等待机会超车。一旦后面车的驾驶员强行超车,便会带来不良后果。为防止这种现象的发生,可在汽车上安装超车报警器。该报警器通过装在车尾的拾音器获取后面车请求超车的喇叭声,经处理后变成报警信号,提示驾驶员后面有汽车等待超车。

(3)倒车报警装置　驾驶员在倒车时,由于视线不良,很容易发生碰撞事故,尤其是新手。液晶显示屏或优质的探头和安装经验可以避免铸铁保险杠对探头的影响,司机可以准确地躲避低矮的台阶和栏杆;倒车雷达可以安装多组探头,成熟的安装技师会避免传感器线束的混乱缠绕,尽量不在车身上钻孔,减少对车身的伤害，防止锈蚀。为了警告行人和其他车辆，现在的汽车大都装有倒车报警装置。倒车报警装置有以下几种：

①电子倒车报警装置　由一个低频信号发生器和一个蜂鸣器组成，倒车时发出间歇的蜂鸣声。

②语音倒车报警装置　由内存语音报警信号的专用语音报警片制成的报警装置，在倒车时可发出“嘟嘟，请注意倒车！”或“倒车，请注意！”等语音信号。

③测距倒车报警装置　该装置由发射部分、接收部分、数字显示和报警四部分组成。其主要功能有：一是倒车时能重复发出“倒车，请注意”的语言警告声提醒行人注意；二是能自动测出车尾与最近障碍物间的距离，并在驾驶室用数字显示给驾驶员；三是倒车至极限安全距离（距障碍物 0.6 m）时，能发出急促的警告声提醒驾驶员注意制动。

(4)多功能安全显示器　该装置安装在汽车尾部，可向后面的车显示本车行驶状态和有关提示。显示内容包括：“左转”、“右转”、“倒车”、“请您制动”、“请您超车”、“请勿超车”、“本车故障”、“保持距离”等。

40 汽车防盗装置有哪些种类？

汽车防盗装置种类很多，按照结构不同大致可分为机械式、电子式和网络式三种。

(1)机械式汽车防盗装置　机械式汽车防盗装置大多为各种防盗锁，它们通过锁定方向盘、制动器踏板、变速杆等主要操纵件，使盗贼无法将汽车开走。

①转向柱锁　主要由锁杆、凸轮轴、锁止器挡块、开锁杠杆和开锁按钮等组成。从钥匙筒拔出钥匙后，转向柱便被锁住，使汽车无法驾驶，如图 2-3 所示。

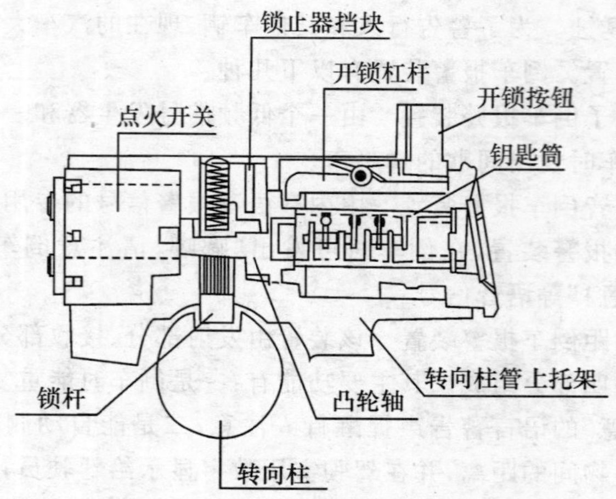

图 2-3　转向柱锁示意图

②方向盘防盗锁　该锁两个锁栓分别固定在方向盘的径向两相对端，锁杆的另一头插在车内任意地方固定，以防止窃贼转动方向盘，如图 2-4 所示。

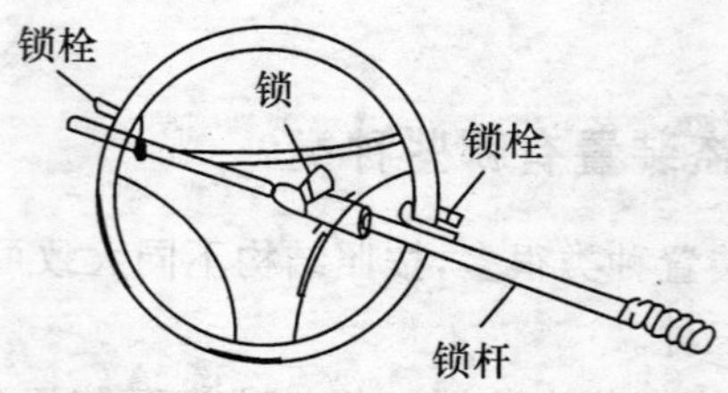

图 2-4　方向盘防盗锁示意图

③制动器踏板防盗锁　该防盗锁锁在制动器踏板杆上，使汽车处于制动状态，盗贼无法开走汽车，如图 2-5 所示。

④变速杆防盗锁　该防盗锁可将方向盘和变速杆锁在一起，采用这种锁可以同时防止窃贼转动方向盘和拨动变速杆，如图2-6所示。

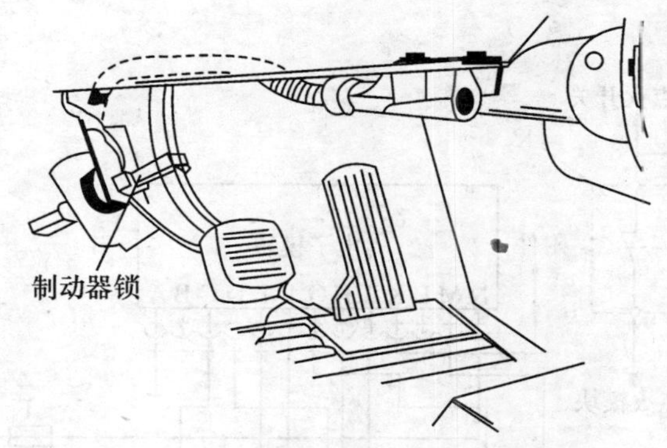

图 2-5 制动器踏板防盗锁示意图

⑤车轮防盗锁 该防盗锁锁在车轮上，使车轮无法转动，如图 2-7 所示。

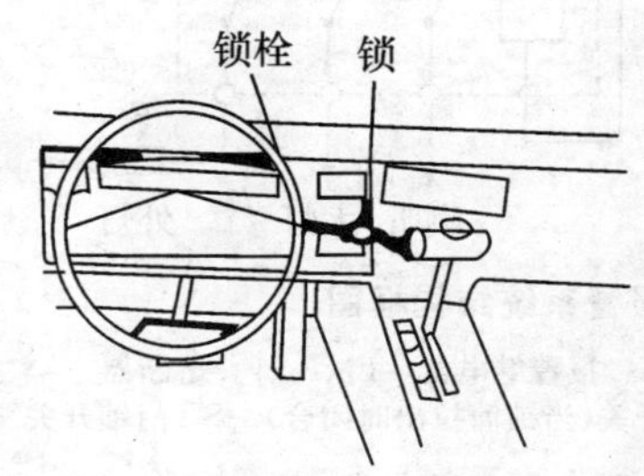

图 2-6 变速杆防盗锁示意图

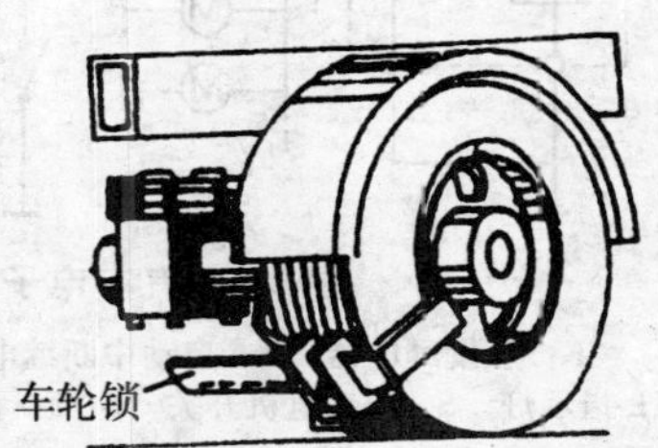

图 2-7 车轮防盗锁示意图

(2)电子式汽车防盗系统 在高级轿车上多数安装的是微电脑控制的智能型电子遥控防盗器，该防盗器可在窃贼接近或进入汽车时，发出蜂鸣、警笛、灯光等信号，既可吓退窃贼，又可引起路人的注意。

汽车电子防盗系统有多种设计，其功能都基本相同。图 2-8 为一种此类汽车防盗报警系统结构框图，它主要由电子模块、触发继电器、报警继电器、启动中断继电器、门框侧柱开关以及门锁开关等组成。

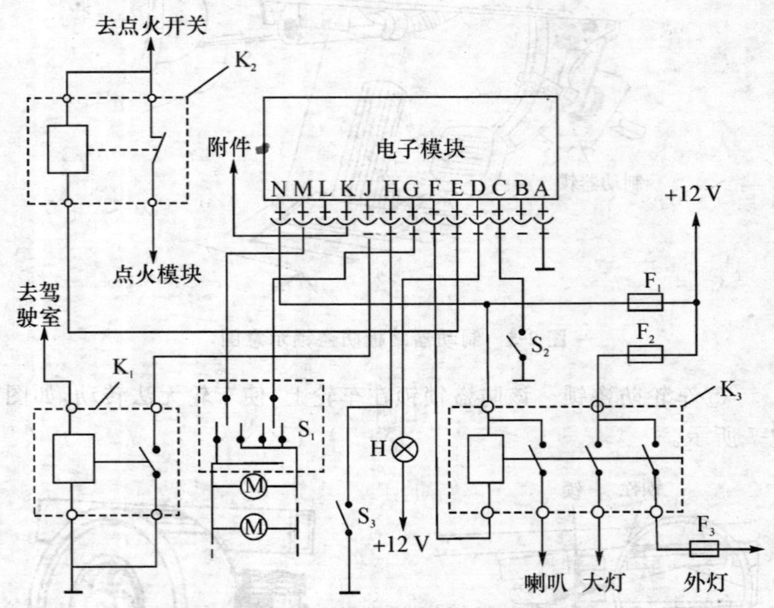

图 2-8 汽车电子防盗报警系统结构框图

K_1. 触发继电器 K_2. 启动中断继电器 K_3. 报警继电器 F_1、F_2、F_3. 熔断器 H. 指示灯 S_1. 门锁电机开关 S_2. 后行李厢开关（当锁筒拉出时闭合） S_3. 门锁开关

当把自动门锁开关置于 LOCK 位置时，关闭车门，则系统进入防盗准备状态，这时如有人打开车门或由行李箱拉出锁筒，报警电路就会启动，喇叭发出声响，尾灯、顶灯、外灯等发光，同时接通启动中断电路，阻止发动机启动。电子防盗装置的主要功能有以下四种：一是报警功能，二是门未关安全提示功能，三是寻车功能，四是遥控中央门锁。

(3)网络式汽车防盗系统 GPS 汽车防盗系统是一种典型的网络式防盗系统，它是在汽车上装配一台能发出信号的 GPS 终端设备，主要利用 GPS 卫星定位系统对汽车进行监控达到防盗目的。该防盗系统不仅可以锁定汽车点火或启动，还可以通过 GPS 卫星定位系统（或其他网络系统）将报警信息和报警车辆所在位置无声地传送到报警中心。报警监控中心的服务人员为车主提供不间断全天候服务，包括报警、协助出警等工作。一旦汽车被盗，指挥中心可立即通过 GPS 全球卫星定位系统接收终端设备信号，确定被盗汽车所在位置，配合警方及时追回汽车。

41 怎样选用遥控式防盗器？

不同品牌的防盗器在原理、结构、元器件的选择、加工工艺及功能设计上都有很多的不同。这些不同决定了防盗器的寿命、性能及价位各不相同。因此，选用防盗器时，应从以下几个方面考虑：

（1）根据实际情况选用　不同防盗器价格相差很大，选用时应根据汽车的档次，本着实用、安全、方便的原则选用合适的防盗器。

（2）注意是否采用了先进的工艺设计

①是否采用了 FR4 双面板设计　元器件焊点牢固，防盗器的抗震性强，对于安装在每天处于震动、颠簸中的汽车防盗器来说，抗震性强可延长其使用寿命。防盗器主机小，便于隐藏安装。

②是否采用了多重电路保护系统　可适应于更大范围的蓄电池电压变化，不会因蓄电池电压过低造成防盗主机电脑死机，且抗干扰能力更强。

③采用的电脑是否具有记忆时间较长的 IC。

④是否较多地采用了贴片元器件。

⑤采用的元器件是否具有较好的耐温性和耐压性。

（3）注意产品的环保性　我国部分城市对防盗器的环保性有具体要求，如北京市公安局技防办每年都要审批发放防盗器生产经营许可证，选购防盗器应符合北京市环保局、公安局、工商局、技监局联合发出的《关于防止机动车防盗报警器噪声扰民的通告》及《机动车防盗报警器报警控制标准》。

(4)注意产品是否通过了公安部的检测 防盗产品须经过公安部安全与警用电子产品质量检测中心检测认定，检测有效期为4年。

(5)高质量的安装技术和良好的售后服务 千万不要单纯追求价格低廉，以免被假冒伪劣产品蒙蔽，得不到应有的售后服务保障。

42 怎样挑选排挡锁？

现在市场上的汽车排挡锁以以色列原装进口的最受欢迎。

以色列排挡锁外观细致，采用镍银合金材质制成，不怕电锯、电钻及万能钥匙的破坏，是最坚固安全的防盗锁。

原装以色列排挡锁有“十年保用”的信誉承诺，每个排挡锁的锁头上还有防伪标签，可以拨打免费电话辨别锁的真假。

那么安装排挡锁是否会破坏原车结构或对车的内饰造成损坏呢？

其实安装排挡锁时只是用和车型相对应的铁板固定在车底盘上，加上防盗螺丝固定，不会对车造成损害。一些大众车型，如桑塔纳、超人、俊杰都采用隐藏式安装法，即在车内饰只看得到锁头，看不到铁板。而一些必须在副驾驶一侧加装铁板的车型，则不能图省事把原车地毯划开放入铁板，而应用专用工具拆开排挡区部位暗藏铁板的大部分，露出来的一小块也要用和原车内饰颜色相同的皮子包起来。此外锁钩的配置也很关键，为了防止锁钩把挡把下方的真皮防尘罩破坏，一些车型必须用特制的加长钩或加宽钩来锁车。如帕萨特 B5 手排挡车就必须用加宽钩，否则锁车费劲，真皮防尘罩也会被磨坏。

43 怎样选用汽车视听设备？

目前市场上可供选择的汽车视听设备，从单一的汽车收音机到收放机、激光唱机乃至车载电视、CD、VCD、DVD多媒体系统,主机到配置大部分是进口产品,如阿尔派、先锋、飞利浦、索尼、松下等,琳琅满目、五花八门。因此汽车美容中心的员工在向车主介绍汽车视听设备时应从以下5个方面进行介绍:

(1)根据需要选配　汽车音响系统一般可分为两种类型:一种是音乐品质型,以听古典乐、交响乐、轻音乐等为主,音色纯正,保真度高,还原效果好。另一种是劲量型(即炸机型),以听迪斯科、摇滚等为主,只追求极大音量,对音质要求不高。

(2)根据车内空间选配　决定视听设备的类型后,要按照车内的空间来选择合适的器材。如扬声器及电视机的显示器,应重点考虑车内空间,选配不当便得不到满意的视听效果。

(3)注意设备的组合及搭配　汽车视听系统的好坏,关键在于如何组合和搭配。组合原则是充分利用和发挥每个器材的作用,相差悬殊会造成浪费,好的器材没有发挥应有的作用,而较差的器材又使整个视听系统指标下降,所以,要选择同一个档次的器材。

(4)检查设备质量　鉴别一套视听设备质量的优劣,应检查以下方面:一是音质效果好,二是要音乐整体平衡感,三是显示器图像清晰度。对于音响设备,首先要从音源入手,如果只是听音乐,VCD机音质不如CD好,所以CD机或MD机是选用的对象。CD机最好选用前置输出功率电压高的,一般选用2～4 V。在选择扬声器时,还应考虑与功率放大器相匹配。

(5)到专业装饰店装配　汽车视听设备属技术含量高的精密电子产品,一旦出现故障,一般车主很难自己检修,所以选装汽车视听设备,要选择专业装饰店和知名品牌,经过确认后再购买,让有专业技术人员的装饰店装配。汽车视听设备需经过专业人员的调试,才能达到理想的效果。

三、汽车外饰美容

44 汽车清洗、打蜡作业需配备哪些常用设备及用品？

在数十年的发展完善过程中，汽车美容作业设备和用品已逐渐成熟，呈多样化、系统化。但无论是国外进口、还是国内生产的设备及美容用品，它们的作用及功效在近 20 年的汽车美容实践中得到检验，已被广大业内人士所认同。汽车清洗、打蜡作业需配备的常用设备及用品详见表 3-1。

表 3-1 汽车美容常用设备及用品

作业项目	设备及用品	选用要点
汽车清洗	小型高压清洗机、泡沫发生器、空气压缩机、海绵、麂皮、毛巾、板刷、水系清洗剂、玻璃清洗剂、沥青清洁剂、轮胎清洗保护剂、塑料皮革清洁上光剂、丝绒地毯清洁剂、发动机外表清洁上光剂	①小型美容企业宜选用小型高压清洗机，大型美容企业宜选用龙门滚刷式清洗机 ②北方冬季宜选用调温式清洗机 ③不宜选用碱性清洗剂洗车
汽车打蜡	打蜡机、打蜡海绵、无纺毛巾及各种保护蜡、上光蜡、防静电蜡、镜面釉等	根据汽车漆面性质、特点及汽车运行环境选用车蜡

45 专业洗车应按什么规范步骤进行？

一般洗车的规范步骤应包括冲车、喷清洗液、擦洗、冲洗、擦车、验车 6 个步骤。洗车时一般由两人（为了叙述的方便，在此我们称作甲和乙）配合进行，这样不但速度快而且清洗的质量好。下面以高压泡沫洗车为例讲述洗车的规范步骤。

(1)冲车　车辆在进入工作间之前，甲、乙两人应主动走上前，一人在车前引导，另一人在车后跟随适时提醒车主打轮转向。车辆停放平稳，车主离车之后，甲、乙两人一左一右同时将脚垫撤出，然后甲用高压清洗机冲去车身污物，顺序为自上而下。整个过程中始终由一个方向向另一边的斜下方冲洗，尽量避免正向或反向冲洗，以免将泥沙冲回已经冲洗干净的部位。冲车时不可忽视的部位是车身的下部及底部，因为大量的泥沙和污物一般都聚集在这些部位，稍有不慎就会遗留下泥沙等物质，在进行下面的工序——擦洗时就会划伤漆面。因此必须尽可能地冲洗掉包括车身下部及车底的大颗粒泥沙。

就在甲冲车的同时，乙应用大纤维软毛刷刷洗脚垫。如果脚垫不是丝绒材料而是橡胶制品，可先将脚垫放置一边，待冲车工序结束后再刷洗，并晾晒于支架上。一般这个工序共需时间 2～3 min。

冲车的质量标准为：车身通体用高压水枪打湿过而无遗漏，车漆表面无大颗粒泥沙或污物，以确保下一道工序的顺利进行。

(2)喷清洗液　甲冲车结束后，由乙开启泡沫发生器向车身喷洒泡沫洗车液。

(3)擦洗　喷洒好洗车液后，甲、乙两人立即各持大海绵一块，一左一右呈“S”形按照自上而下的顺序稍微用力迅速擦洗车身及钢圈、轮胎外侧。注意千万不要用力擦洗，以免沙粒划伤漆面。

擦洗的质量标准为：无漏擦之处，车身漆面无划痕。

(4)冲洗　擦洗完毕之后，甲开始冲洗车身，顺序同冲车一样，但这时应以车顶、上部和中部为重点。因为冲车时车身下部已经冲洗得比较干净并进行了一定的擦洗。现在冲洗中部以上部位时向下流动的水基本能够将下部及底部冲洗干净，所以下部和底部一带而过即可。

需要说明的是，在整个洗车过程中乙是副手，主要是配合甲进行洗车工作。所以无论是否干完手头的工作，都应在甲即将进行下一步之前停下来准备好需要的擦车工具，如半湿性大毛巾、麂皮等。

冲洗的质量标准为：车体无泥沙、无污垢、无漏擦之处。

(5)擦车　首先甲、乙两人共用一块半干湿长毛巾，各持一端站立车身两旁，从车前向车后沿车身拖动，吸干一部分水分。然后两人各用一块半湿性毛巾将整个车身从前至后、从上至下擦一遍。打开车门，用半湿性毛巾擦净车门边及框、脚垫处。倒掉烟灰缸内的烟灰并冲洗干净，擦抹仪表台，垫好脚垫。最后用麂皮细擦一遍车身。向车内喷洒香水或空气清新剂。

(6)验车　验车时应特别注意检查洗车工序中容易遗漏的部位，如发动机盖边沿及内侧、车身边缘内侧、车门把手内侧、后备箱边沿内侧、油箱盖内侧、后视镜、轮胎等部位。

验车标准为：外部无尘土、无污垢、无水痕；玻璃光亮如新，无划痕；内饰部件无灰尘、室内无异味，坐垫及脚垫摆放整齐有序。

46 洗车时应注意哪些问题？

尽管汽车清洗作业简单易行，但必须按规范操作，以最大限度提高工作效率。在洗车作业中，应注意以下几点：

(1)洗车时最好使用软水，尽量避免使用含矿物质较多的硬水。用硬水清洗车身会在车身干燥后留下一圈一圈痕迹或薄膜。

(2)应使用专用洗车液，严禁使用洗衣粉或洗洁精，因为这类用品碱性强，会导致漆面失光，局部产生色差，密封橡胶老化，还会加速局部漆面脱落部位的金属腐蚀。

(3)高压冲洗时，车身最好使用分散水流喷射清洗，底盘用高压冲洗。喷嘴与车身保持 50 cm 以上的间距较好，以避免高速水柱对漆面特别是修补过的漆面的冲刷。先使用分散雾状水流清洗全车，浸润后再利用集中水流冲洗。对于可调压清洗机，可将水压调低些，如果清洗车身的水压过高，污物颗粒会划伤漆层。另外，车门周边最好控制水的喷出量，以免水滴渗入门内，造成生锈。

(4)清洗汽车油漆表面时，切莫使用刷子、粗布，以避免刮伤油漆面膜留下痕迹。擦清洗剂时应使用软毛巾或海绵，最好使用海绵并随时将海绵在清水中洗涤，以免其中裹着的硬质颗粒划伤漆面。用海绵擦洗车身时动作要轻，且要小范围地擦洗。洗车时首先要将灰尘冲掉，不可一边冲水一边用海绵擦洗，否则，因为粗沙粒及灰尘尚未被冲除，容易造成细小的刮痕。

(5)洗车各工序都应遵循由上到下的原则，即由车顶、前后挡风玻璃、前后盖板、车身车窗及侧面、灯具、保险杠、车裙、车轮等。清洗后视镜座部位时，可以将后视镜折起后，用海绵擦拭。有隐藏式大灯的车子，要将大灯打开后再洗。车门把手也要拉起来擦去里面污垢，因为这些污垢遇水流下来以后就会造成黑色条状的污迹。在翼子板下方的弧内，会形成明显的白色脏污，这也要用海绵或是有柄的刷子将其刷去。

(6)不要在阳光直射下洗车。如果阳光直射，车表水分蒸发快，车身上的水滴干燥后会留下斑点，影响清洗效果。若发动机罩还有余热，应待冷却后再进行清洗，防止温差太大伤及漆层。风挡玻璃温度较高时，也不可立即用冷水冲洗，防止因温差太大导致玻璃炸裂。

(7)不要在严寒中洗车，以防水滴在车身上结冰，造成漆层破裂。北方严寒季节洗车应在室内进行，车辆进入工位后，停留 5～10 min，然后冲洗。

(8)用洗车液洗车后，一定要冲洗干净，不可马虎了事。否则，残留的洗车液将会渗入烤漆车表，造成污点。更严重的是灰尘等附着在车上，与水结合酸化之后造成生锈。车身与边框的间隙、铁板与铁板的接合处、后视镜与车门的填封处等洗车液会渗入的地方,都要仔细冲洗。积在车子零件接缝中的洗车液,应集中水压对着接缝喷洗将其除去。

(9)洗完车后需用带有较长绒毛的毛巾抹干,长的绒毛能吸住污物,使其不擦伤漆面。抹干时,也应遵循由上到下的原则,也不要太用力擦拭。擦干水滴,不要一次一大片,像海绵一样将水吸干较为理想,也可以用3M洗车皮吸干,洗车皮质地软,且具有超强吸水力,可迅速吸干水分。车身的隙缝之间,水滴可用纸插入吸干。车身、行李箱、发动机盖等,只要是能打开的部分都要打开擦洗,不要漏了门边框及踏板。油箱口周边,如果不仔细擦拭的话,久了将会形成顽固的水垢,难以除去。留在边条与边条之间的水滴,可以利用摇动车身或近距离来回急驶来抖掉。

(10)发现车身附着灰尘或杂质,应及时清除,以免污染漆面。烤漆上的污物只靠洗车是无法除去的,可用瓷土消除。这种专为除去烤漆面异物而开发的专用产品,使用方法简单。只要将瓷土在湿的烤漆表滑动就可以了,异物就会被吸入瓷土中。要注意的是,瓷土要先用喷雾器喷足水分之后再使用,水分不足的话,反而会影响烤漆表面。其他附着物,如鸟粪,尤其是落在车身几天后已干的鸟粪会腐蚀车漆,单靠洗车液很难起作用,用毛巾去“刮”又极易“毁容”。对此类附着物,应先用水将其泡软,然后再用专门的清洗剂将其清洗掉。

47 怎样除去车身静电?

车辆在行驶过程中由于摩擦会产生强烈的静电层。静电对灰尘和油污的吸附能力很强,只有把静电全部清除掉才能彻底洗净车身,更主要的是,只有清除掉车身静电,才能为下一步上蜡养护漆面打好基础。如果车身静电没有彻底清除掉就上蜡,则电荷被覆盖在车蜡下面,蜡的养护性能就会大大降低,而且其附着漆面的能力也会降低,时间不长就会脱落而失去上蜡保护的意义。

单纯用清水或普通的清洗剂洗车是洗不干净的。专门用于清除车身静电的产品是“汽车专用清洁香波”，是pH值为7.0的绝对中性清洁剂。其中的阴离子表面活性剂和其他有效清洁成分在涂于或喷于车身表面后会与车身自带的电荷发生作用，将电荷从漆面彻底清除掉。

使用这种产品前应用高压水将沾染在车身表面的泥沙冲掉，再将汽车专用清洁香波按比例稀释(1∶150)并用海绵擦(或高压清洗机均匀喷涂)到车身表面上，保持片刻后用高压水把泡沫冲掉。

48 新车也要美容吗?

新车出厂时，为了保护漆面在储运过程中不被损坏，都涂上了一层厚厚的保护膜。这层膜虽然保护了漆面，但影响了漆面的光亮程度。所以新车必须到专门的汽车美容中心进行新车开蜡处理，恢复其靓丽迷人的风采。这一步是不能省的。

一般新车出厂时都没有配置良好的防盗系统。所以，新车购回后有必要到专业的汽车装饰美容中心去安装合适的防盗装置。

新车一般装饰都比较简单。为了提高汽车的品位，有必要对新车装饰一番，比如车窗贴膜、安装坐椅套、选择地垫、安装仪表板桃木装饰、安装VCD等。

最后，根据车主个性选择汽车香水、小挂件、储物箱、纸巾盒，甚至给车喷上些彩绘或贴个性贴花等。这样您的新宝贝就算打扮完了。

49 新车为什么要开蜡?

新车下线时，为了避免在露天停放或运输中风吹雨淋、烈日暴晒、烟雾及酸雨的侵蚀，必须进行喷蜡覆盖保护，以防漆面受蚀老化。但在新车交付正常使用后，这层下线时的保护蜡必须除去，即必须对新车进行开蜡，这是因为：

(1)下线保护蜡影响汽车漆面光泽。下线保护蜡一般属于低档蜡，其透明度低，加之覆盖层较厚，原车的光泽有80%左右被遮盖，因此，这种状况的汽车无法正常使用，必须先进行开蜡处理。

(2)下线保护蜡若不除去，当汽车行驶时，尘埃极易附着车身表面。这是因为下线保护蜡含油脂成分较多，易黏附灰尘。

(3)使用未经开蜡的新车会给日常清洗作业带来麻烦。由于下线保护蜡的黏附作用，车表的尘埃及污物不易清除。

综上所述，新车在使用前一定要进行开蜡。

50 怎样对新车进行开蜡？

(1)选择开蜡水　开蜡水是开蜡作业最重要的用品，亦称去蜡水。开蜡水对车蜡具有极强的溶解能力及油污分解能力，一般短在3～5 min，长在7～8 min内，就可以将车表蜡层完全溶解，而且对漆面及塑料、橡胶件无腐蚀。常用的开蜡水有：

①英特使H. D. D强力开蜡水　可用于新车开蜡和旧车美容前除蜡，具有很强的油污分解及除蜡功能，除蜡彻底，对硅蜡除去特别有效，也可用于清除车表的沥青、昆虫及其他顽固污渍、污垢，还可用于发动机表面清洁。

②冈底斯汽车除蜡护理液　专用于清除车漆表面各种蜡质油渍等，不伤漆面，适宜车漆开蜡或旧蜡清除。

(2)新车开蜡步骤

①车身高压冲洗　使用清洗机冲去车表尘埃及其他附着物。

②喷施开蜡水　在开蜡车表均匀喷施开蜡水，待6～7 min使降蜡剂完全渗透于蜡层，快速溶解车表蜡的保护层。

③擦拭　用棉布、毛巾或无纺布擦拭车表(在喷开蜡水后6～7 min)并用棕毛刷刷洗缝口、裙边及轮胎等处。

④清洁及擦干　用清洗机冲洗车表，然后用洗车液清洁车身

并擦干。

⑤打蜡。

51 新车开蜡应注意哪些事项?

(1)在进行高压冲洗时,压力不要高于 7 MPa。

(2)高压冲洗只需冲掉灰尘及泥沙等可能影响除蜡效果的杂质。

(3)在开蜡前不要使用洗车液,以免造成无谓的浪费。

(4)开蜡水喷施一定要均匀,边角缝隙处千万不可忽视。

(5)喷施开蜡水后,要待开蜡水完全渗透蜡层并使其开始溶解后才能用毛巾擦拭。

(6)最后的清洁及擦干,要按洗车作业规程实施。因为经开蜡水清洗开蜡后,仍会有部分蜡质及杂质留在车表。

52 汽车为什么要适时打蜡?

汽车打蜡的目的主要是保持车身漆面亮丽整洁,保护车漆。现代轿车越来越广泛地采用金属漆,金属漆的涂装系统是色漆+清漆。光线射入后经清漆层折射到色漆,日久天长,色漆的颜色将会产生褪变,进而影响汽车外观,同时会使全车产生色差。及时给汽车打蜡,可将部分入射光反射回去,在车蜡及清漆的共司作用下,可使汽车青春永驻,艳丽如新。

53 怎样给汽车上蜡?

漆面上蜡是汽车车身漆面美容护理的最后一个环节。下面以上光蜡为例来介绍打蜡作业:

(1)清洗　为了保证打蜡效果,打蜡前对汽车必须进行彻底的开蜡清洗,除去原有车蜡和各种污垢。注意一定要把车体水擦干,否则影响打蜡效果。

(2)上蜡　上蜡可分为手工上蜡和机械上蜡两种。手工上蜡简单易行，首先将适量的车蜡涂在专用打蜡海绵上(这种海绵在你购买车蜡时就有)，然后按一定顺序往复直线涂抹，每道涂抹应与上道涂抹区域有 1/5～1/4 的重合度，防止漏涂及保证均匀涂抹。机械上蜡要保证漆面均匀涂抹，将车蜡涂在打蜡机海绵磨盘上，具体涂抹过程与手工相同，值得注意的是在边、角处的涂抹应避免超出漆面。

(3)抛光　按照车蜡使用说明，一般涂抹后 5～10 min 即可进行抛光。抛光时遵循先上蜡的地方先抛光的原则。抛光作业通常使用无纺布毛巾往复直线运动，适当用力按压或用抛光机抛光，以达到光亮如新、清除剩余车蜡的目的。

54 怎样给汽车上水晶蜡？

水晶蜡(以冈底斯系列为例)具有耐磨、持久、抗紫外线、耐酸雨、防油污、沥青不易黏附等优点，受到广大用户越来越多的青睐。

(1)新车或漆面保护较好的汽车上蜡程序

①开蜡水清洗车身、擦干，确保无尘、无其他附着污物。注意千万不要使用热水，以免影响上蜡效果。对于在烈日下暴晒较长时间的车辆，应停放在打蜡间内阴凉处或用冷水冲洗，保证车蜡有效地附着于漆面。

②由于新车或保护较好的漆面无明显划痕、污渍，可省略研磨抛光这一工序，但取而代之以蓝黏土处理。蓝黏土又称“神奇泥”，是一种呈蓝色胶质状的汽车美容用品，具有极强的黏附力和极其细腻的研磨性。车辆漆面长期暴露在空气中，不可避免地受到多种因素影响，漆面会出现极薄的氧化层，附着有极其细小的碳氢粒子和其他污渍，是人们用肉眼不易发现的，所以必须先进行“神奇泥”处理。

“神奇泥”处理方法是：将“神奇水”(一种与“神奇泥”配合使用

的试剂,使“神奇泥”更充分地发挥作用)喷于漆面,与此同时,用“神奇泥”对漆面进行研磨,待漆面均匀研磨后,彻底清洁漆面、擦干。

③上水晶蜡程序与前述打蜡作业相同。

(2)旧车上蜡程序

①洗车;

②研磨抛光车身漆面,除去划痕及污迹;

③上水晶蜡。

55 打蜡应注意哪些问题?

(1)打蜡时一定要擦干车身,不能有水,否则会影响打蜡效果。

(2)打蜡作业环境要清洁,灰尘要尽可能的少,有良好通风过滤装置,有条件的可设置专门的打蜡工作间。

(3)应在阴凉处给汽车打蜡,否则车表温度高,车蜡附着能力会下降,影响打蜡效果。

(4)打蜡时,手工海绵及打蜡机海绵运行应该作直线往复运动,不宜作环形涂抹,防止由于涂层不均造成强烈的环状漫射。

(5)打蜡时应遵循先上后下的程序,即先涂抹车顶,然后前后盖板,再车身侧面等。

(6)打蜡时,若海绵上出现与车漆相同的颜色,可能是漆面已经破损,应立即停止,进行修补处理。

(7)抛光作业要待上蜡完成后在规定时间内进行,且抛光运动也是直线往复运动。未抛光的车辆绝不允许上路行驶,否则,再进行抛光易造成漆面划伤。

(8)抛光结束后,要仔细检查,清除车牌、车灯、门边等处残存的车蜡,防止产生腐蚀和影响整车美观。

(9)打蜡结束后,设备及用品要进行清洁处理,妥善保存。

(10)要掌握好打蜡的频率。由于汽车行驶及停放环境不同,打蜡间隔时间不一定,可以用手拭车身漆面,若无光滑感,就应该进行再次打蜡。

56 怎样进行挡风玻璃清洁及防雨防雾处理？

汽车玻璃就像人的眼睛一样不能有灰尘，应经常保持其干净透亮。这样，既有利于行车安全，又明亮美观。

玻璃的清洁不能用水，因为玻璃内侧常吸有烟雾、油斑薄膜，清水难以除去；而玻璃外侧则与车身漆面一样，会存在交通膜。用水擦洗玻璃不但费力费时，而且清洁不彻底，将会留下烟膜、油膜和交通膜。

(1)前挡风玻璃的清洁、抛光

①将黏附在玻璃上的污斑、昆虫和沥青等用橡皮刮刀除去。注意不可用刀片等铁质材料，以防划伤玻璃。

②对于前挡风玻璃和倒车镜，可用玻璃清洁剂预处理，除去表面尘污。

③使用挡风玻璃抛光剂，让其涂满在玻璃上，稍待片刻，再用干净软布作直线运行擦拭，直至将玻璃擦亮为止。

玻璃经过这样的抛光处理后，不仅有增亮作用，还有光滑、防止灰尘二次沉降的功能。

(2)前挡风玻璃的防雾、防水

①使用挡风玻璃清洁剂对玻璃内外侧进行清洗，使之洁净。

②均匀地在前挡风玻璃内侧涂上挡风玻璃的防雾剂。

③均匀地在前挡风玻璃外侧涂上挡风玻璃的防雨剂。

④待防雾剂、防雨剂干透后，用软布擦净，直至双面玻璃透明光亮。玻璃经过这样的处理后，将具有长效防雾、防水功能。

(3)后挡风玻璃的清洁、抛光

①将黏附在玻璃上的污斑、昆虫、口香糖或透明胶残痕等用塑料或橡皮刮刀除去。

②后挡风玻璃内侧有防雾、除霜栅格或贴有太阳膜，可使用软

布配合玻璃清洁剂进行仔细清洗即可。注意不可使用挡风玻璃抛光剂，否则，不但不能抛光玻璃，反而会将栅格损坏或将膜面擦出花痕，影响美观与采光。

③如果不慎破坏了防雾、除霜栅格，可用修复工具将断了的地方用导电涂料将其粘接起来。

④后挡风玻璃外侧玻璃和倒车镜清洁、抛光方法同“前挡风玻璃的清洁、抛光”。

(4)玻璃雨刮器的清洁护理

①先用泡沫清洗剂冲洗雨刷器，除去尘土、污物。

②用全能水(或雨刷精)喷敷于雨刷器的橡胶上，并用软布细心擦净。

57 怎样除去车身的沥青？

车表附有沥青、焦油，不仅对视觉影响很大，而且在特定的环境下会产生以下不良后果：

一是漆面出现污斑。被沥青或焦油长时间附着的漆面，在有机烃的作用下会出现污斑，特别是丙烯酸面漆的汽车尤为明显。同时，这种污斑不易清除，有时须打磨。

二是漆面破损处发生电化学反应。沥青和焦油中往往含有机酸性物质，若漆面有破损(包括由水滴透镜产生的暗斑)就会在金属表面产生电化学反应，加剧金属腐蚀。

车身表面若附着沥青或焦油应及时清除。清除这些污渍可以采取以下 4 种方法：

(1)清水刷洗　对于附着时间不长的这类污物，一般可以刷洗清除。在刷洗时，水温在常温或常温以下，刷子要选用鬃毛刷，以免划伤漆面。

(2)有机溶剂清除　如果刷洗难以清除污渍，可选用有机溶剂，但选用时一定要注意不可选用对面漆产生溶解作用的有机溶剂，如含醇类、苯类的有机溶剂、天那水等。一般可用汽油浸润后擦拭清除。

(3)专用去沥剂清除　去沥剂是常用的汽车美容用品，主要用于沥青及焦油等有机烃类化合物的清洁。使用专用的去沥剂，既可有效除去污物，又不会对漆面造成伤害。建议在沥青和焦油的除去作业中，最好选用专用产品，若无专用除去剂，可酌情考虑前两种方法。

(4)抛光机清除　使用抛光机加入适当的研磨剂，也可有效地除去附着在车身表面的沥青、焦油等顽渍。

58 怎样对轮胎进行增亮翻新？

(1)轮胎翻新必要性　轮胎在使用过程中直接与各种条件的路面接触，易黏附路面上的各种污物。这些污物有一些会浸入轮胎橡胶表面，如不定期进行翻新保护，则会造成以下后果：

①轮胎橡胶失光　被污物侵蚀后的轮胎将失去原有纯正黑色，而呈现灰黑色，影响汽车视觉效果，且这种失光通过清洗是无法解决的。

②轮胎橡胶老化　受侵蚀的橡胶极易老化、变硬，失去原有的弹性及耐磨性。

(2)翻新用品　轮胎翻新主要用品是轮胎洁亮剂。其中英特使轮胎清洁增黑剂为乳白色液体，适合于黑色橡胶制品，特别适于清洁保养轮胎，它能迅速渗透于橡胶内，分解浸入的有害物质，延缓轮胎橡胶老化，且具有增黑增亮功能。

(3)翻新工序

①轮胎清洁　用棕毛刷进行刷洗，选用专用洗车液，彻底清洗干净，擦干后风干 10～15 min 或用压缩空气进一步吹干，除去表面潮湿。

②轮胎翻新　上轮胎翻新剂，可喷涂也可直接用无纺布、软毛

巾涂抹，均匀擦拭，如较脏应及时更换毛巾，直至轮胎再现黑亮本色。

喷雾式的轮胎保护剂，喷上之后在胎壁形成白色泡沫，几分钟之后会自然消失，轮胎变得非常干净。

59 漆面处理包括哪些内容？

现代轿车普遍采用色漆与清漆相结合的面漆系统，包括钢板、底漆、色漆及表面清漆。

(1)车身除锈处理　车身外观最让人烦恼的就是锈蚀。原因主要是车身钣金直接与外界接触。除了常见碰撞、刮伤、放着不管日久生锈以外，还有行车时车胎弹起的小石块造成的碰撞，会使漆面出现剥落的小点，产生小锈斑。这种小痕迹常被忽视。平时要定期检查车体、发动机盖和车身四周，一旦发现就要马上处理。

(2)漆面失光及发丝划痕的处理　当强氧化性物质与车漆相互作用时，在漆表面形成氧化层，造成漆面失光。一般可采用专门的抛光用品，运用抛光的方法除去氧化层，然后打上车蜡。

(3)漆面浅划痕处理　一般采用专门的研磨剂和抛光剂，运用先研磨后抛光的方法来消除划痕，然后打上车蜡。

(4)漆面深划痕处理　深划痕是指用手拭漆面时会有明显刮手感觉的划痕，可采用喷涂施工来除去划痕，然后打上车蜡。

60 怎样对汽车车身做防锈处理？

对已经严重生锈的部件，要使用除锈防锈剂来清除铁锈。但在此之前，先要仔细擦拭几遍，除去铁锈，必要时，可用细纹的玻璃砂纸小心打磨，然后再涂上一层防锈漆。

如果锈蚀不很严重，可先用极细的水砂纸蘸水轻轻磨去锈斑，完全擦拭净，涂上一层底漆，可保证锈迹不会扩大、加重。若是新的刮伤，可擦净后直接涂上底漆。一般车辆都配有一小罐原厂漆。

这样的处理虽不大好看，但很小的地方也无大碍。也可事先买一支补漆笔，待涂上的底漆干了以后，再用水砂纸将其磨平，然后用补漆笔进行上色处理。

另外，路边树枝对车身造成的划痕，如果划痕不明显，一般无须涂油漆，只需打上汽车本色蜡即可，上蜡时要把汽车开到光线较暗的地方以免车身反光，而且别忘了车把手的凹槽也要上蜡。

应急处理时还可用牙膏。车上放支普通的牙膏，发现有小小的新痕，就随手涂上一点，下雨或洗完车后，再涂一点，可简单地起到暂时的隔绝作用，短期内没问题。这只是简单应付之法，最终还是要到美容店去做防锈处理。

此外，市场上还有一种电子捕锈器，利用持续供给负电子的原理避免钣金氧化。对于车身钣金件的防锈处理可利用电子捕锈器，同样对底盘防锈也较为适宜。

61 汽车漆面失光的原因有哪些？

汽车漆面失光原因很多且机理复杂，一般为多种因素共同作用的结果。

(1)自然因素　风沙尘土的吹打、雨雪季节泥水的冲击、沥青路面飞溅的沥青、树胶、虫屎、鸟粪和油污、大气中的各种工业排放物、酸和碱以及阳光中的紫外线等。

(2)人为因素　新车开蜡用品选择不当或操作方式不当；洗车时选用了强碱性的清洗剂；冲洗车辆时水枪压力过大，清洗程序或手法不正确；表面附有尘埃时，用抹布或毛巾擦拭，使车漆面出现微小划痕；不注意日常打蜡保护，使漆面出现紫外线、酸雨等不应有的侵蚀。

(3)透镜效应　透镜效应是指当车表漆面上存有小水滴时，由于水滴呈扁平凸透镜状，对日光有聚焦作用，焦点处的温度高达800～1 000 ℃，从而导致漆面被灼伤，出现用肉眼看不见的小孔洞，有些深达金属基材。若灼伤范围较大，分布密度较高，漆面就会出现严重程度的失光。

62 汽车漆面失光如何处理？

(1)自然氧化不严重或发丝划痕导致的失光　漆面无明显划痕，用放大镜观察漆面斑点较小，通常可采用下述抛光的方法进行处理：

用小块毛巾将抛光剂均匀涂抹在待抛漆面上，将海绵或羊毛抛光盘安装在抛光机上，沾满水，保持抛光盘平面与待抛漆面基本平行(局部抛光除外)，启动抛光机，将其转速设置在 2 000～2 500 r/min。为保持抛光盘湿润，应不断向抛光盘上洒洁净清水，以降低摩擦表面温度，避免由于摩擦升温过高使抛光盘焦化和灼伤面漆。抛光作业完毕后，用洁净水冲洗抛光表面，擦去残余物，检查抛光效果，最后上蜡。

(2)自然氧化严重或透镜效应严重引起的失光　用放大镜仔细观察漆面，若发现漆面有较多的斑点，则说明漆面受侵蚀严重。由上述原因导致的漆面失光，需进行重新涂装翻新施工。

63 怎样判断车身漆面是否需要抛光？

判断车身漆面是否需要抛光的方法有两种：

(1)视觉分辨法　用肉眼观看漆面，若可以看到自己影像，说明漆面的镜面效果良好，可不必抛光；若看到的影像模糊一片，只能分辨出一个大概的轮廓，说明车身漆面需要抛光。若站在远离车身的位置，感觉车身很亮，而近在咫尺差别就十分明显，证明车身漆面有亮度但缺乏深度，则需要抛光。视觉分辨法适用于车身漆面着色较深的汽车，如红色、黑色和深蓝色。

(2)触觉分辨法　对于车身漆面着色较浅的汽车，可以采用触觉分辨法。在手指上套上光滑的玻璃纸(如烟盒的玻璃膜)，然后在漆面上轻轻滑过，若手感有明显的凹凸，说明漆面粗糙，需要抛光。

64 怎样进行全车漆面抛光处理？

汽车车身漆面因长期与空气、酸雨等直接接触而受到侵蚀。如果汽车长时间停在室外，这种侵蚀将更加严重。侵蚀具体表现为车身漆面产生交通膜与静电层，如果不及时将其除去，势必使车身漆面的油分过度损失，漆面亮度和深度大大降低，产生漆面发白现象。使用电动调速抛光机并配用合适的研磨盘、抛光盘对车身进行抛光护理，可以达到消除交通膜与静电层的目的。具体操作如下：

根据车身漆面受侵蚀程度的不同，选用合适的研磨盘、抛光盘以及合适的抛光剂。先取少量抛光剂喷敷于待抛光的车身漆面上，将研磨盘或抛光盘用水充分润湿后，甩去多余水分，转速一般控制在 1 000～1 500 r/min，先从车身顶棚开始抛光，再抛光后行李箱、后翼子板、后保险杠、两侧的车门、发动机盖、前翼子板、前保险杠。要始终保持工作盘与车身漆面相切或平放(平压)于车身漆面上，力度适中。

车门、车裙无法用抛光盘抛光的地方可用手工补救。先用超能开蜡剂均匀喷敷，软毛巾擦拭，再将抛光剂涂抹其上，用软毛巾擦拭抛光。如果车身漆面有轻度划痕，可将抛光剂涂于划痕处，沿着与划痕垂直或斜交的方向反复进行抛光。抛光应按一定的顺序，不可随意进行，应每小块作一次处理，不可大范围喷敷、抛光。

65 怎样进行漆面增艳处理？

漆面增艳的主要功能是除去抛光后留下的光环和还原原车的色彩。增艳使用的护理用品为魔彩抛光剂或万能还原抛光剂。

漆面增艳操作方法如下：

(1)用清水将车身上的残留污物清洗干净，擦干。

(2)将魔彩抛光剂或还原抛光剂均匀地喷涂于车身表面。

(3)抛光机装上工作盘和波纹海绵轮，速度控制在1 200～1 500 r/min。

(4)增艳抛光从顶棚开始，由上而下进行，直至达到增艳效果。

在增艳处理中应注意：抛光机转速不宜超过要求的转速范围；保持抛光机按一定的方向、次序进行，不可无序乱抛；若要更换不同品种、牌号的抛光剂，必须同时更换海绵轮；严禁使用线性羊毛或人造混纺纤维进行增艳处理。

66 如何给漆面封釉？

为保持亮度，每年必须进行几十次的洗车打蜡，而车蜡只是附着在漆面上，其光亮程度很容易消失，既没有硬度，又易沾染灰尘，使光亮的车身容易失色。

封釉是集去污、上光、密封漆孔为一体的新的漆面护理项目。采用优质材料，用震抛机将釉反复压入车漆，形成一层独特的网状保护膜，这层膜可以使车身漆面与空气隔绝，不被氧化；可大大提高原车漆面的硬度、光泽度，使车漆能更好地抵抗风沙的侵袭，有效减少划痕；釉内含紫外线反射剂，可化解紫外线对车漆的伤害，使车漆不再因辐射退色；釉中的静电吸收剂能消除静电，防止吸附灰尘，保持车漆长久艳丽，延长车漆使用寿命。

封釉对于新旧车辆都适用。封釉是一项专业性很强的汽车美容项目，它对场地、工具、技术及试剂的要求都非常严格。首先封釉必须在室内进行，以防在封釉过程中有沙粒粘在漆面上，操作时对漆面造成浅划伤。其次封釉前要先去掉漆面上的交通膜和氧化层，使其露出新鲜的漆面，避免这层膜在漆面和釉面之间形成隔离，影响封釉效果。

漆面封釉操作方法如下：

(1)用干净的软布将漆面上的抛光残留物清除干净。

(2)摇匀超豪华纯釉并均匀地喷涂在漆面上，停留 1 min 左右。

(3)抛光机装上工作盘和波纹海绵轮，速度控制在 1 000～1 200 r/min之间。

(4)上釉的操作程序为从上到下。

上釉的注意事项同上一问“漆面增艳处理”。

67 怎样实施漆面浅划痕处理？

(1)洗车　洗车的目的是清除汽车车身表面的污物、泥土等。

(2)开蜡　开蜡的目的是为了保证抛光效果。开蜡作业要求使用专用开蜡水，除去漆面原有的蜡质层，在对蜡质层进行彻底分解的同时，又不损伤漆面及塑料。

(3)漆面研磨抛光

①研磨　首先用小块毛巾将研磨剂均匀涂抹在待研漆面上，将海绵或羊毛研磨盘安装在研磨机上，沾满水，保持研磨盘平面与待研漆面基本平行(局部研磨除外)，启动研磨机，将其转速设置在 1 500～1 800 r/min。为保持研磨盘湿润，应不断向研磨盘上洒洁净清水，以降低摩擦表面温度，避免由于摩擦升温过高使研磨盘焦化和损坏面漆。研磨作业在清除 95%左右划痕时即可停止，然后用洁净水冲洗研磨表面，擦去残余物，检查研磨效果。

②抛光　抛光的作用是采用抛光剂清除研磨留下的细微划痕。具体操作方法与研磨施工基本相同。

(4)漆面还原增艳　抛光作业结束后，漆面浅划痕已基本消除。抛光作业中残留的一些发丝划痕、旋印等，可通过漆面还原进行处理。漆面还原时用小块无纺布将还原剂均匀涂抹于漆面，然后用无纺布毛巾抛光。

(5)漆面保护　漆面保护实际上就是给漆面上蜡。漆面保护剂有蜡质和釉质两大类,最好是给漆面封釉,因为封釉保护效果最好。

68 怎样对汽车进行局部补漆?

下面以聚氨酯涂料修补前轮翼子板为例,介绍局部修补涂装工艺过程。

(1)旧涂膜的去除与边缘交接处的处理　钣金修复作业结束后,先要将受损伤部位的涂膜剥离,以便修补。剥离作业所用工具是薄片状电动或气动打磨机,装 16～36 号砂纸。砂纸的粒度应视被剥离的涂膜厚度而定。像涂有腻子的厚涂膜,可用 16 号砂纸;新车烤漆,涂膜很薄,可以用粒度更细的,甚至可以用 60 号砂纸。边缘接口的处理仍用打磨机进行,砂纸用 60～100 号,要注意不要形成台阶。

(2)刮涂腻子　边缘交接处制作好后,用压缩空气吹净灰尘、碎屑,再用干净布蘸上脱脂剂,去除表面附着的油污和石蜡等。

腻子按主剂 100 份、固化剂 2 份的比例调制,调制均匀后就可以刮涂。刮涂时刮刀要稍用力挤压,排出其中渗入的空气,以免出现气泡。若需填补较厚的腻子层应分 2 或 3 次进行,不能一次刮涂过厚。

阴冷潮湿的天气,在刮涂腻子之前要用加热器将被涂装表面加热到 36～37 ℃,这样既可以防止附着不良,还有加快腻子固化、除湿气的效果。

刮涂时一定要选择优质的腻子。优质的腻子一般具有以下性能:

①对金属表面和涂膜表面有良好的附着力。

②耐水性好,耐热性好,在 120 ℃条件下能承受 30 min 以上。

③可以厚涂,刮涂研磨等性能良好,不出现气孔。

④吸湿力弱,与中间涂层结合力强。

⑤复合腻子干燥速度快,在常温下刮涂 20～30 min 后就可以进行打磨。但是在气温较低的冬季,为加速干燥,也常采用强制干

燥的方法,即在刮涂腻子后隔 5 min 左右,以 50～60 ℃加热 5～10 min,就可以进行打磨作业。

(3)腻子表面的打磨　为提高作业效率和保护劳动者,最好先用带吸尘装置的打磨机对腻子层进行打磨,然后再用手工打磨进行修整。机器打磨作业要反复进行几次,按 60 号到 80 号再到 120 号的顺序换用砂纸;手工修整时,若是干打磨,按 100 号到 150 号再到 240 号的顺序换用砂纸;若是湿打磨,按 180 号到 240 号再到 320 号的顺序换用砂纸。这样便可清除较粗的砂纸磨痕,形成平整的表面。

打磨结束后,用压缩空气清除灰尘、碎屑、水分等,然后用脱脂剂清洗表面,用胶带和罩纸将周围不需要喷涂的部位遮盖好,做好喷涂中间涂层的准备。

注意:①若一次刮涂腻子不能完全消除凹凸和变形,可再次刮涂腻子;②在冬季需进行强制干燥,若采取湿打磨,除水、干燥应彻底,否则易引起质量事故。

(4)喷涂中间漆　以硝基类涂料为例,黏度一般调至 14～20 Pa·s(4 号福特黏度计),加入稀释剂量随涂料的原黏度不同而不同。另外,中间漆的黏度还要根据其底层涂膜的状态而改变。如果是丙烯酸硝基漆底层,中间漆的黏度应调至 18～20 Pa·s;如果是聚氨酯或烤漆底层,中间漆的黏度应调至 15～17 Pa·s。

优质硝基类中间漆必须具备下列条件:

①耐水性好(不易起泡);

②与油灰面和面漆涂层附着力好;

③吸湿力弱,有遮盖力;

④丰满度好,无颜色沉淀;

⑤耐热性好(在 120 ℃条件下能承受 30 min 以上);

⑥研磨性好;

⑦有防锈能力。

第一次喷涂从与原涂层的边缘交接处开始，然后移至整个修补表面。每次都要薄薄地喷涂，反复喷2或3次，每次间隔2～3 min，这样效果较好。可以加速溶剂挥发，加快干燥时间，对底层的影响也较小。

(5)干燥与补灰　中间涂层的干燥：若自然干燥，在20 ℃条件下需30～60 min；若使用红外线加热装置，需喷涂后间隔10 min，再升温至50～60 ℃，烘烤15～20 min。

中间涂层干燥后，应仔细检查表面状况，若存在微小的斑痕和砂纸打磨痕迹，就要使用速干细灰仔细将其填平。

(6)中间涂层表面的打磨　用400号水砂纸进行湿打磨，研磨结束后，用干净水将表面冲洗干净，并用压缩空气将水吹干，再用红外加热器除湿干燥。若进行干研磨，可以采用280～320号砂纸。无论是湿研磨还是干研磨，都应注意不能有遗漏之处。研磨结束后，要将粉尘、碎屑等清除干净。

(7)喷涂面漆前的准备　首先要对被修补涂膜周围的旧涂膜进行清洁性打磨，以除去表面黏附的研磨粉尘、车身蜡等异物，提高面漆涂料与旧涂膜的附着力。打磨作业使用抛光机，并在其毛巾毡垫的抛光头上蘸上粗粒度的研磨膏进行打磨。打磨区域包括周围的旧涂膜表面和修补涂膜与旧涂膜的边缘接口部位。难以打磨的边缘角落部位，可用毛刷蘸上研磨膏进行研磨。

周边相邻区域的研磨结束后，用压缩空气清除粉尘，然后用汽车专用胶带和罩纸将周围不需涂装部分遮盖好。遮盖完毕后，再次用压缩空气吹去粉尘，用脱脂剂清洗表面，并清扫缝隙和沟槽。

(8)调色　面漆涂料的调色是局部涂膜修补涂装作业关键的一环，调出的颜色必须与原涂膜相吻合。为准确把握进口轿车原涂膜所用色调，应查看汽车出厂编码板(VIP)，记下汽车制造厂商的油漆编码，然后根据编码查颜色样本，由此确定其颜色配合。

但是汽车涂膜在使用中随着时间的推移会逐渐变色，有些颜色会变浅，有些颜色会变深。以黄色为例，如果初始是淡黄色，一般会变得更淡、更白；如果初始是蓝或黄所组成的绿色，则会变得更蓝更深。另外，若汽车在使用过程中曾用其他颜色重新喷涂过，也会与颜色编码不一致。因此，查出颜色编码后必须将色样与汽车的实际颜色相比较，这样才能确定出较理想的颜色配比。

以计量调色为例，第一步先将车身颜色与色相图比较，确定属哪一种颜色及其配方；第二步是用搅拌器将所要用罐装漆搅拌均匀；第三步是按配方数据正确计量调配。

涂料调好后，先试喷到一块试样板上，再将样板与车身颜色相比较。计量调色也不一定能得到与原涂膜完全吻合颜色，因为车身颜色随时间推移而变化，应一点一点加入原色进行微量调整直至与车身颜色完全吻合。另外，往样板上喷涂，一定要保持与实际喷涂作业时相同的条件，即涂料黏度、喷涂距离、喷射压力、喷涂次数都应一致。尤其是金属闪光涂膜，要透过透明层正确判断颜色。聚氨酯涂料要按 4∶1 的比例加入固化剂，避免固化剂引起颜色变化。

本例中是在等待中间涂层干燥的时间进行调色作业，调好色之后，以 4∶1 比例加入固化剂，再加入适量的溶剂，将黏度调整到适宜喷涂的程度。调整结束后，经过滤加入喷枪的喷罐中。

(9)面漆的喷涂作业　面漆的喷涂作业在喷漆间内进行。喷涂之前，再次用压缩空气清洁被涂装表面。单色涂膜和金属闪光涂膜的面漆作业工序不同。下面分别介绍：

①单色面漆的喷涂　现代汽车的翼子板绝大部分都采用曲面形式圆滑过渡，发生颜色逐渐变化的部位是翼子板和发动机盖之间的分界线。有少部分汽车的翼子板采用冲压线的形式(如广州本田家用小轿车的翼子板就是采用冲压线的形式)，其发生颜色逐渐变化的部位有两处：一处是翼子板和发动机盖之间的分界线，另一处是以翼子板冲压线为分界线，如图 3-1 所示。如果能使颜色变化限于图 3-1(b)所

示的范围,就不需要对翼子板上部即冲压线以上进行喷涂。

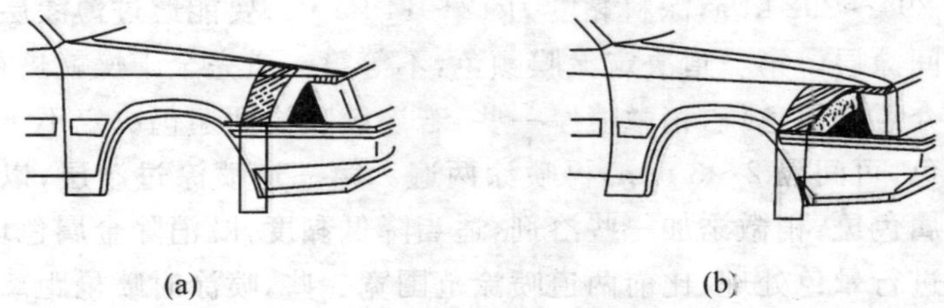

图 3-1 局部喷涂时颜色逐渐变化的范围

第一道以黏度 14～18 Pa・s,薄薄地喷涂一层,要能透过面漆层看到中间涂层。第二道要确定涂层色彩,涂料黏度 14～18 Pa・s,比第一道要喷得厚些,连续喷涂两遍。第三道将涂料黏度稀释到 12～16 Pa・s,仔细喷涂,目的是获得良好的表面质量和光泽。最后是修补涂膜与旧涂膜边缘交接处的晕色处理,将涂料和溶剂以 1∶4 的比例调和,从修补涂膜的边缘直到旧涂膜,薄薄地喷涂一层,以减弱新旧涂膜的色差感。单色面漆的喷涂如图 3-2 所示。

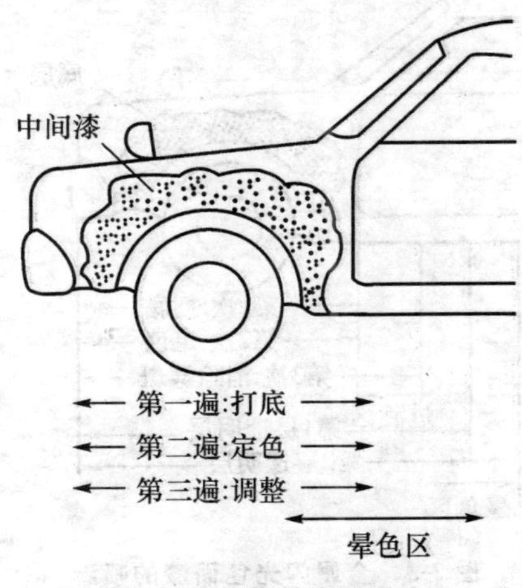

图 3-2 单色面漆的喷涂

②金属闪光色面漆的喷涂　第一道薄薄地喷涂一遍，喷射压力为 294～392 kPa，涂料黏度为 12～14 Pa·s，要能透过薄漆层看到中间涂层。第二道决定涂膜颜色，不等第一道完全干燥就进行，不必介意金属色斑，稍微喷厚一些，若连续喷涂两遍仍决定不了涂膜颜色，可间隔 2～3 min，再喷涂两遍。第三道喷涂过渡层，以消除金属色斑，稍微添加一些溶剂，适当降低黏度，既消除金属色斑，同时进行晕色处理，比前两道喷涂范围宽一些，喷涂时喷枪距离可稍远一点，以减轻色差对比。前三道喷涂完毕后，不能立即喷涂透明漆，故应设置 5～10 min 的间隔时间，否则涂膜中的溶剂难以挥发出来。这一间隔时间的设置，还能防止干燥过程中出现气孔，一定不能省略。喷涂第一层透明层不要喷涂得过厚，以能显示光泽为宜，黏度为 11～12 Pa·s，喷射压力为 294～343 kPa。喷涂第二道透明层要保证适宜的厚度和充分的光泽，移动喷枪时稍缓，黏度为 11～12 Pa·s，喷射压力为 294～343 kPa。最后用晕色剂处理与旧涂膜的边缘交接部位。金属闪光色面漆的喷涂如图 3-3 所示。

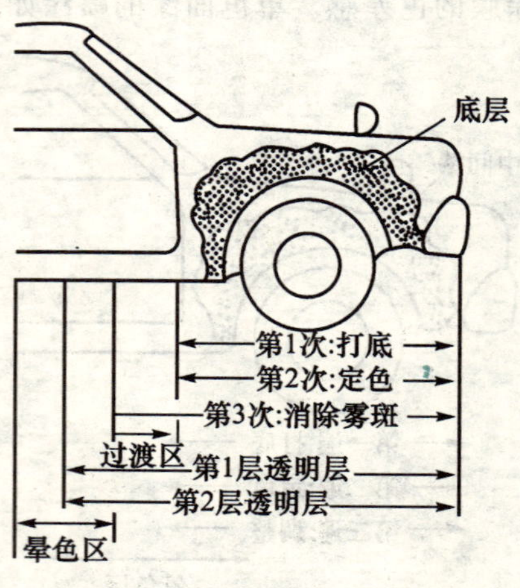

图 3-3　金属闪光色面漆的喷涂

(10)面漆涂层的干燥　喷涂作业全部结束后，间隔大约10 min，升温干燥，最初升到40～45 ℃，保温10 min左右，然后再升温到60～70 ℃，强制干燥20～30 min。

(11)收尾工作　强制干燥完毕后，待车身温度降到适宜时，去掉遮盖物，未完全冷却之前，剥离工作比较容易进行。待车身完全冷却后，对晕色区域要进行抛光研磨处理。抛光机装海绵毡垫磨头，使用超细微粒抛光剂进行研磨。聚氨酯的修补涂膜不必进行抛光，但如果修补部位的涂膜光泽比较显眼而周围的旧涂膜光泽暗淡的话，可使用羊毛毡或毛巾毡磨头，用很细的抛光剂先抛，然后与晕色区域一起细抛一遍。

抛光结束后，装上原来拆下的部件，仔细检查涂膜有无细小的伤痕等，最后将车清洗干净，作业全部结束。

69 怎样对旧车实施整体涂装？

以一辆1999年生产的奇瑞风云出租车整车翻新涂装为例。原车的颜色是银灰金属闪光色，涂膜整体已退色，还有若干次局部修补涂装的痕迹。整车修补涂装要求改为单一的红色，涂料采用丙烯酸聚氨酯。其涂装工艺如下：

(1)准备工作　拆掉保险杠、车头灯、散热通风窗、标志牌等对涂装作业有妨碍的部件，然后将车仔细清洗干净，再将玻璃包括周边的密封条、后视镜等遮盖起来。遮盖之前必须将各个角落彻底清洗干净，以免喷涂时将灰尘等污物吹出，黏附到涂膜上。

(2)旧涂膜的去除　旧涂膜的去除应在钣金修复作业之后进行。具体去除的部位和面积，应视具体情况而定，只需去除老化严重的部分涂层。本例中，发动机盖、车顶、行李箱盖这些水平表面和车身的左侧面涂膜老化比较严重，需进行去除。

在刷涂旧涂膜去除剂之前，应先用汽车专用胶带和罩纸将四周遮盖起来，然后再用毛刷刷涂旧涂膜去除剂，刷涂作业先从车顶开始。旧涂膜去除剂都属强酸或强碱类物质,刷涂时一定要戴上橡皮手套,小心不要沾到皮肤和衣服上。

旧涂膜去除剂刷涂后,涂膜表层慢慢膨胀裂开,烤漆涂膜和丙烯酸聚氨酯涂膜开始成皱纹状,比较疏松易清除,而用丙烯酸硝基漆修补的部位,涂膜被去除剂溶解成黏稠状,不易去除。另外,修补有腻子的部位也清楚地显露出其大小和形状。

旧涂膜去除剂刷涂后大约 15 min 后,就可以用铲刀铲去已脱落的旧涂膜。使用铲刀不能用力太大,以免刮伤金属表面。旧涂膜铲完之后,要用水彻底清洗,不能残留去除剂。

清洗结束后,再用电动打磨机将去除部位整体打磨,要特别注意边缘角落部位,不能有遗漏。打磨所用砂纸粒度为 60 号。

(3)小伤痕涂膜的去除　大面积的老化涂层清洗完成之后,再仔细检查其他部分的涂层有无小伤痕和小凹陷。如果有小伤痕,先用薄片电动打磨机打磨掉涂膜,直到露出金属表面。这种打磨作业使用的砂纸粒度以 24～36 号为宜。待露出金属表面之后,去除面积稍稍扩大,制成如图 3-4 所示的边缘接口形状。接口部位表面最后要换用 80～100 号砂纸打磨。

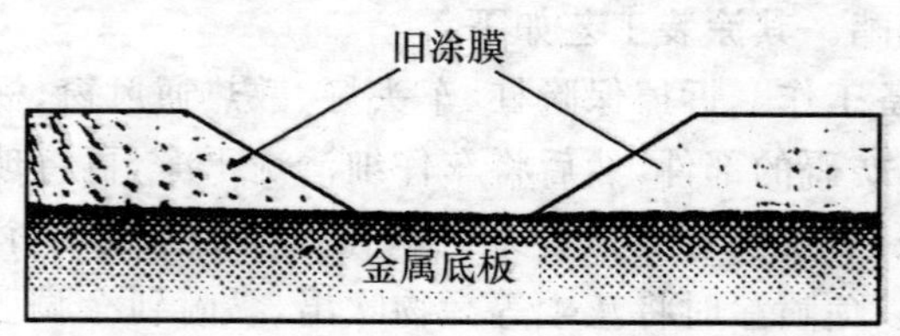

图 3-4　伤痕边缘接口形状

(4)补刮腻子　需要补刮腻子的部位有两类:一类是使用去除剂去掉涂膜的金属表面存在凹陷和变形的部位,另一类是其他旧涂层表面的小伤痕处。在补刮腻子前,先用压缩空气吹掉黏附的灰尘,再用脱脂剂和干净的布除去油分。当气温低或湿度高时,应使用加热器烘烤需补刮腻子的部位。这样做可以防止涂装后出现开裂。

调制腻子时，取主剂100份、固化剂1.5～3份的比例，调和好后应立即使用。调和工作应在不吸收溶剂的板上进行，分别按比例取出主剂和固化剂，需要用多少就调制多少。刮涂腻子所用的漆刮有塑料的、金属的、橡胶的、木材的，总之带有一定弹性的比较实用。刮涂时应注意稍用力挤出空气，以免出现气孔。若腻子层较厚，可分两三次刮涂。

为加快干燥速度，可以采用红外线加热器等装置加热烘烤。但这种强制干燥必须是刮好腻子间隔10 min后再进行。强制干燥温度为50～60 ℃，保持时间为15～20 min。采用强制干燥可以提高效率，但升温时应注意逐渐提高温度，不能骤然提高。

(5)腻子层的打磨　腻子层干燥固化以后，就可以对其表面进行打磨。对大小不同的平面，可以使用不同尺寸的打磨器进行打磨，以保证表面平整。侧面的车轮翼子板等处是曲面，要使用形状相当的橡胶靠模块，包裹上砂纸手工打磨，使用砂纸的粒度为80～120号。

打磨的最后修整需手工进行，使用的工具有手锉、砂条、木制曲面靠模块、橡胶制曲面靠模块等。总之，要将车身的变形全部消除，如果一次腻子和研磨消除不了，可再进行第二次、第三次……

(6)提高附着力的研磨　通过刮涂和打磨腻子后，平整的表面已经形成。为提高中间涂层的附着性能，接下来就要对车身所有的旧涂膜表面和金属表面进行一次研磨，使用的砂纸粒度为240号左右，以消除前一道工序在金属表面和腻子层表面留下的较为粗糙的砂纸痕迹。研磨工作用打磨机进行，边缘、角落部分用手工进行。

(7)喷涂中间涂层前的准备工作　先用压缩空气将车身所有部位的研磨粉尘吹干净，尤其是边缘角落处不可忽略，然后用汽车专用胶带和罩纸将不需要喷涂的周围部位遮盖起来。遮盖后，将汽车送进喷漆间，再次用压缩空气清除途中黏附的灰尘等。最后用脱脂剂和干净布将被涂装表面彻底擦拭干净。

(8)中间涂层的喷涂　中间涂料采用的是聚氨酯类双组分涂料，应正确计算好主剂和固化剂的比例，用滤纸过滤后再使用。喷涂作业在喷漆间进行，先试喷一下，将喷枪调整合适后，来回喷涂两遍，覆盖两层。喷涂后间隔 10～15 min，逐渐升温到 70 ℃，保持 30 min，使中间涂层干燥彻底。

(9)中间涂层表面的研磨　强制干燥结束后，将车送出喷漆间，待温度下降后再进行研磨。研磨之前要仔细检查，如果还存在变形和小伤痕，可用速干型细灰反复刮涂几次予以修正。研磨作业可以采用小型打磨机，装 240 号砂纸。机械研磨结束后，用 320 号砂纸手工研磨修整。由于整车修补涂装作业研磨面积大，采用干打磨比湿打磨效率高。

(10)喷涂面漆前的准备工作　中间涂层打磨结束后，先用压缩空气清洁表面，再将车送入喷漆间。正式喷涂之前，要先检查非涂装面的遮盖有无破损，若有破损应重新遮盖好。再用压缩空气仔细清洁表面，然后用脱脂剂擦拭表面，最后用带黏性的布擦拭一遍，尤其是车窗下边框等边缘角落部位，要仔细检查清除干净。

(11)面漆的喷涂　此车的整车修补涂装只是要求改变颜色，按照单色调鲜艳的红色这一目标适当进行调色，但固化剂的加入比例必须正确计量。涂料黏度以 4 号福特黏度计 16～20 Pa·s 这一范围进行调配。调好色的涂料经过滤后，再加入喷漆罐。

喷涂面漆时，先应试喷一下，检查有无对涂料的排斥现象。若被涂装表面存在油污等未清除干净，必须彻底清洁后再喷涂面漆。面漆喷涂顺序为车顶、行李箱盖、尾部、左侧面、发动机盖、前端部、右侧面，按此顺序喷涂两次，覆盖两层。

喷枪运行轨迹必须保持与被涂装表面平行，左右运动，向前推进的速度以每次喷涂的痕迹应盖住前一次痕迹宽度的1/2或1/3为宜。左右方向的喷涂痕迹搭接，应注意最好避开板块之间的接缝处。第二次喷涂的搭接与第一次的搭接应错开，以免出现不均匀的痕迹。

(12)强制干燥　喷涂结束后，间隔15 min左右，可以升温进行强制干燥。温度不能急剧上升，否则会产生气孔和皱纹。开始以40 ℃左右的温度，保温10～15 min，作为预备干燥时间，接着升温到60～70 ℃，强制干燥20～30 min即可。干燥温度及时间的设定参见图3-5。

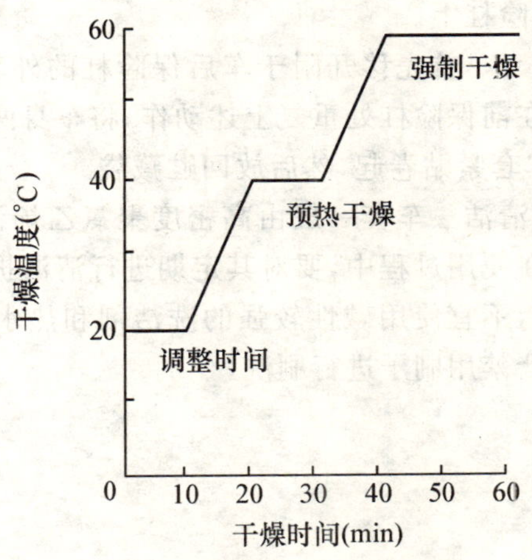

图 3-5　干燥温度与时间的关系

(13)收尾工作　强制干燥结束后，将车移出喷漆间，待温度下降后撕下遮盖物，装上保险杠、散热通风窗等部件，作业全部结束。

70 怎样使用汽车全能护理车套?

为了很好地保护车身尤其是漆面不受侵害，在没有车库或平时大部分时间把车停在露天的情况下，使用汽车全能护理车套，能使汽车免受高温、紫外线、水及尘埃、化学污染物的侵害。

(1)汽车汽车全能护理车套的性能及特点及维护

①防水、防紫外线辐射、防腐、防霉；

②对车表漆面无磨损；

③适合各种气候及各种车型；

④易于收藏。

(2)汽车全能护理车套的使用及维护

①盖上车套　覆盖前要把天线、放电器杆收好，先盖好引擎部分，然后拉过车顶及车身，把外套向车身两边拉下，把橡胶部件套在轿车前后保险杠上。

②除下车套　首先移开附于车后保险杠的外套部分，向前掀起 1 m 左右，在前保险杠处重复上述动作，将车身两边向上掀起大约 45 cm，把车套紧贴卷起，然后放回贮藏袋。

③护理及清洁　车套一般由高密度聚氯乙烯制成，有较强的耐腐能力，但在使用过程中，要对其定期进行清洁护理。清洗时最好选用洗车液，不宜使用碱性较强的洗洁剂和热水。擦洗时可用海绵或软巾，严禁用刷子进行刷洗。

四、汽车内饰美容

71 汽车内饰美容的必要性有哪些？

（1）美化内饰环境的需要　环境会对人产生重要的生理及心理影响。清新的空气、宽阔的绿地、整洁的街道，会使人心旷神怡，这是室外空间环境美给人的影响。家居装饰，美花绿草，盆景书画，会使居室舒适典雅。车室作为司乘人员行车途中的重要空间，它对人的心理及生理的影响却常常被人们忽视。为了有一份好心情，千万别忘记美化汽车内饰。

（2）保障身体健康的需要　汽车内饰中的地毯、坐椅、空调风口、行李厢等处，经常接触潮湿的空气或水渍。在特定的环境中，这些地方最易滋生细菌，使内饰霉变，散发出臭气，不但影响了室内空气环境，更重要的是对人的健康产生威胁。汽车内饰美容可以消除这些威胁，保障人们身体健康。

（3）延长车辆使用寿命的需要

①车室的清洁、杀菌、除臭，可以有效地防止各种污物对车室（如地毯、真皮坐椅、纤维织物等）的腐蚀，加之使用专门的保护用品对塑料件、真皮及纤维制品进行清洁上光保护，可大大延长内饰件的使用周期。

②发动机清洁翻新作为内饰美容的一部分，它对汽车发动机性能的影响非常大。油泥、灰尘及污物的附着，不但影响发动机的美观，更主要的是影响发动机的散热能力，加速发动机运动副的磨损，易造成发动机附件的故障，降低发动机使用寿命。

72 汽车内饰美容包括哪些主要内容?

(1)车室护理性美容　随着汽车工业的发展,人们对车室内的装饰要求越来越高。车室内真皮、丝绒坐椅,顶棚、仪表板、地毯、脚垫、门内衬板等皮、塑、橡胶、纤维织物,长期使用极易藏污纳垢,不但令人生厌,而且还会使细菌滋生而产生异味,影响使用者的身心健康。

许多路边洗车场和车主自己清洁内室时,常用的清洁剂中含有水分,久而久之,湿气会使真皮坐椅、仪表板、门板等处发霉、变硬、退色甚至龟裂,丝绒则会收缩脱落,受潮而滋生细菌。长期积垢还会使冷风口堵塞,发出异臭。针对这些油性或水性的污垢,使用真皮、塑料、丝绒等专用清洁保护剂,不仅有美容功效,还有防污、抗尘、防水、杀菌除臭等作用,皮件、塑料件上光翻新保护剂能令皮革、塑料恢复原有光泽,并可在表面形成一层保护膜,防止老化。通过吸尘、清理后,采用保护剂或干洗护理剂擦拭与清洁车室、地毯、脚垫、座套等。喷清洁剂与高温蒸汽消毒,便可使车室焕然一新。

(2)行李箱护理性美容　行李箱是存放物品的地方,容易脏污,需进行清洗、吸尘护理。

(3)发动机护理性美容　发动机作为汽车的动力源,历来被广大司机、车主、维修人员所关注。发动机除维修、保养外,护理也十分重要。发动机护理分内部护理(包括燃料与空气供给系、润滑系、冷却系的免拆养护)和外部护理(包括高压水冲洗、表面油污清洁、上光保护、翻新处理等养护)。

73 车室美容护理基本程序有哪些?

车室美容是一项系统的清洁护理施工作业,因此,既要明确施工项目的内涵,又要严格遵循合乎规范的施工程序,只有这样才能有效地组织施工，提高工效，节省时间，保证作业质量，提高服务水平。车室美容护理施工程序如下：

（1）车室除尘　除尘作业是车室美容护理的首要工作，一般先用吸尘器及毛巾除尘。除尘应遵循从高处到低处的原则，即首先进行顶棚除尘，然后依次是侧面、坐椅、仪表台、后平台及地毯等。

（2）车室清洁　清洁作业在除尘后进行，主要是清除附着或浸渍在内饰表面的污物。基本用品是毛巾及有关专业清洁护理用品。车室清洁也要求遵循由高处到低处的原则，即从顶棚到纤维织物、真皮、玻璃、仪表板、门边，最后清洁地毯、脚垫等。

（3）车室杀菌消毒　除尘及清洁主要是清除灰尘及污迹，而对车室内的有害细菌无法彻底清除，因此在车室美容中必须进行高温蒸汽杀菌或喷施空气清新剂。

（4）塑料皮革上光保护　用专门的塑料、皮革上光保护剂进行上光保护。根据产品不同，可采用擦涂和喷施方法。无论采取哪种方案，都要注意涂抹均匀。

74 车室美容具体施工项目有哪些？

由于车室美容属于系统化美容施工作业，因此，在遵循一般性原则的基础上，其具体美容施工项目如下：

（1）车室初步清洁处理主要作业是吸尘及除去车室表面的浮灰，清除烟灰，取出脚垫并清洗。

（2）车室顶棚药剂除污、清洁处理。

（3）前后空调风口除污、清洁处理。

（4）置物箱、音响、排挡区除污、清洁处理。

（5）方向盘、仪表板塑面药剂除污。

（6）前后边门绒布及皮面药剂除污、清洁处理。

（7）前后坐椅除污、清洁处理。

（8）车窗玻璃清洗剂除污、清洁处理。

(9)车室地毯清洗剂除污、清洁处理。

(10)全车室除臭、消毒处理。

(11)塑料件、真皮上光保护处理。

(12)暖风烘干处理。

75 怎样对车室纤维织物进行清洁?

一般车辆中车室纤维织物覆盖面所占比例较大,少则20%~30%,多则60%~70%,广泛应用于顶棚、坐椅、地毯等处。对这些纤维织物的清洁应该做到:

(1)选择专用纤维织物清洁剂　车室美容严禁使用碱性较强的洗衣粉或洗洁精清洗纤维织物。因为这些碱性物质在清洁工作结束后仍会有一部分残留在织物内部,极易使纤维织物黄变、腐蚀,为此要谨慎选用纤维织物清洁剂。在没有把握的情况下,使用前最好在车室隐蔽部位对清洁剂进行试用,确定不会使纤维变色或变质后,再进行大面积使用。常用的专用织物清洁剂有英特使M-333清洁香波,它适合于各种麻、棉、毛、化纤制品的清洁作业。

(2)纤维织物清洁工序

①进一步吸尘作业;

②喷施清洁剂;

③海绵或毛巾擦洗清洁;

④干燥毛巾吸湿清洁。

(3)车室纤维织物清洁注意事项

①根据纤维织物的质地不同选择合适的清洁剂;

②清洁剂喷施后应停留浸润1~2 min再进行擦洗,有利于污物充分溶解、松化;

③纤维品的清洁千万不能选用稀释剂、汽油、挡风玻璃清洗剂等有机溶剂及漂白粉;

④清洁作业要充分考虑纤维品纹理的变化规律，一般纵横双向清洁效果较好；

⑤最后吸湿清洁应沿纤维织物顺茬方向擦拭；

⑥地毯清洁时可用棕毛刷刷洗，地毯干燥后应用刷子将地毯毛膨起。

76 怎样实施真皮制品的美容护理？

目前轿车的坐椅、车门内侧、把手等越来越多地采用真皮装饰。真皮饰件虽说能提高汽车的品质，但护理起来很困难。要想护理好真皮饰件，必须先了解真皮的常见缺陷。

(1)常见真皮饰件缺陷

①松面　真皮坐椅等装饰件在使用一段时间后会出现皮面松弛的现象，即平时所说的松面。

产生原因：真皮的质量差造成过早松弛；坐椅包皮制造质量差；使用时不注意保养，导致真皮老化，弹性降低。

处理方法：若是制作或皮质上的原因出现松面，应重新包皮或更换；若是使用上的原因出现松面，应加强保养，做好日常护理。

②裂浆、露底及掉浆　真皮表面被顶起或揪起时出现裂纹即为裂浆，呈现出底色时即为露底，涂层从真皮表面上脱落时即为掉浆。

产生原因：真皮本身质量差，表层的涂层与内部的革伸张率不相同，涂层材料使用不当，配方不合理或涂层过厚等；严重老化或划伤；平时没有注意护理。

处理方法：使用时做好日常护理，定期进行专业养护，更换时严格把好真皮质量关。

③油霜　真皮表面渗出粉状油脂的现象称为油霜。此现象在环境温度较低时极易出现，擦拭后不久仍将发生。

产生原因:皮革中含有的高熔点、硬脂酸等脂类物质没除净;皮革被油性污物污染。

处理方法:一是更换;二是做除油去污处理。

④僵硬 真皮使用一段时间后柔韧性变差、发硬的现象即为僵硬。

产生原因:使用时间太长,皮内油脂损失过多,导致皮革自然老化;养护不当。

处理方法:防止污染物侵蚀,使用专用皮革清洗剂清洗、皮革上光剂上光。

(2)皮件清洁上光护理

①产品选用 专用皮革清洁上光护理用品有去污剂、洁面剂、脱色剂、软化剂、打底剂、固定剂、色浆等。上述用品多用于皮革翻新施工。常用真皮护理用品有英特使 M-888 真皮清洁柔顺剂、M-999 真皮上光保护剂等。

②清洁上光作业 首先喷洒清洁柔顺剂,浸润 2 min 左右擦拭干净,然后喷洒上光剂,再浸润 2 min 左右,根据需要或不同产品的要求,决定是否进行擦拭处理。上光后要进行必要的干燥处理,进行风干或烘干。

77 如何清除车室常见顽渍?

(1)霉 内饰件受污染未及时清洁导致的霉变,可用热肥皂水清洗,冷水漂洗干净,再浸泡在盐水中,然后用专用清洗剂清洗擦干。

(2)口香糖 清除口香糖可用冰块使其硬化,然后用钝刀片刮掉,最后用清洗剂清洁、擦干即可。

(3)焦油 先用冷水彻底刷洗,如难以去除干净,可用焦油除去专用清洗剂浸润一段时间,然后擦拭干净即可。

(4)油污 用专用的油污除去剂,从油污周边向中心清洗,当油污洗净后,用毛巾擦干,电吹风吹干或吸尘器吸干水分即可。

78 人造革破损如何修补?

坐椅、门边内衬等常用人造革,在使用过程中,难免意外受刮伤,出现较小裂口。这类破损可采取以下两种方法进行修补:

(1)用电吹风将裂口两边吹热,再将一块纤维布衬在裂口下面,并精心将裂口两边对齐,然后压平,最后将人造革修复液涂在修补部位上,待完全干燥即可。

(2)沿人造革裂纹周边涂一种特殊化合物,选一张与人造革花纹相近的木纹纸贴在裂口上(木纹纸花纹应朝下),用电熨斗隔着棉布烫熨修复部件1 min左右即可。

79 怎样消除车内空调异味?

汽车空调异味是驾驶室空气品质不好的主要原因之一。夏季和冬季是汽车空调常用季节,但许多车内空调启动时都使车内出现一种难闻气味,腐臭刺鼻。这主要是空调经过较长时间的"休眠",积聚在空调表面的污物腐坏而产生的异味。这些异味可用以下方法来消除:

(1)将除臭剂喷施在空调出风口处,并将空调表面做一次清理。

(2)开启空调,待其运转几分钟后关闭,再次向空调出风口处喷除臭剂。

(3)在车内喷洒空气清新剂。

(4)可在空调出风口处喷少许芳香型清洁剂或者香水。这样在空调开启时不但没有臭味,还会有种淡淡的香味。

另外,空调在使用过程中,蒸发器表面都附着大量的污垢,为了彻底除去空调污染源,可采用车用空调清洗剂,一方面可强力清洁空调蒸发器及通风管路,改善空调的制冷效果;另一方面,可杀灭细菌,分解并清除车内有害物质,除去车内汗味、烟味等。

五、汽车发动机护理

80 怎样清洁发动机外部？

发动机外部清洁护理基本程序如下：

(1)外表擦拭，除去大油迹　打开引擎盖，可以发现没有经过清洁护理的发动机室是很脏的。如果发动机表面有严重的油污、沥青或漏油现象时，可用超能开蜡剂喷涂于油污、沥青处，停留3～5 min 后，再用细小的刷子或干净的软布擦拭干净。

(2)用高压自来水清洗　先用塑料袋将发动机上的电气设备如发电机、分电器、高压线圈、保险丝等包裹起来，以防止清洗时这些电气部件进水，造成损坏。如果发动机空气滤清器通风口是朝外的，也必须用塑料袋包上或用毛巾堵住，以防进水。包裹稳妥后，使用 0.2～0.3 MPa 压力的自来水花冲洗发动机外部及发动机车室处的灰尘、泥土和污渍。注意清洗过程中，发动机机体温度应低于 50 ℃。

(3)用发动机外部清洗剂清洗　发动机外部清洗剂具有迅速溶解发动机污垢及油渍的功能，且不伤及汽车车身漆面、橡胶塑料件。使用方法如下：

①喷涂前先摇晃发动机外部清洗剂，然后将其均匀地喷洒于发动机外部，15 min 后用清水冲洗。

②遇有顽迹，可配合使用小毛刷刷洗。

(4)清除锈迹　清除锈迹，首先应将锈迹消灭在萌芽状态，即在发现点状小锈斑时就进行除锈，这是很重要的。使用锈斑除去剂可以消除各种锈迹和锈斑。具体做法如下：

①先完成以上发动机清洁护理程序(1)、(2)、(3)项。

②将锈斑除去剂喷涂在锈迹处,等 10 min 左右,配合使用小毛刷或软布将锈迹轻轻除去,并用清水冲洗。

(5)用高压气体吹干水分　用高压气体吹干发动机上的所有零件、轴承孔、铰链活动处及狭窄缝隙处的水分。

(6)给发动机外部上光　使用多功能发动机外部防护剂喷涂发动机外表面及发动机车室内表面。该防护剂层既有排水、防潮、润滑、防锈作用,还有增加美观、便于冲洗、除垢等功能。

发动机外部经以上方法清洁护理后,变得非常干净,如新车一般。

81 为什么要清洗发动机燃油喷射系统?

在长期工作过程中,汽车发动机燃油喷射系统的燃油箱、燃油泵、滤清器、油轨及进气歧管中易产生胶质和沉积物,燃烧室、进排气门、喷油嘴等处易产生积炭。这些都将破坏正常的燃油供给,影响混合气的空燃比和正常燃烧,从而导致发动机不易启动、怠速不稳、加速不良、早燃、爆燃、发动机熄火、油耗增加以及排气污染严重等现象发生。因此,对发动机燃油喷射系统进行定期快速清洁护理是非常必要的,它可以保证燃油喷射系统正常工作,节约燃油,延长发动机使用寿命。

82 怎样清洗发动机燃油喷射系统?

发动机燃油喷射系统污物的除去是在发动机不解体的情况下,通过专用设备——发电机积炭清洗机,或使用专用清洗剂——燃料系统高效清洁剂进行清洗的。

(1)利用发动机积炭清洗机清洗

清除原理:将燃油喷射系统的专用清洁剂注入燃油中并均匀混合,在发动机运转时,清洁剂随着燃油流动、燃烧。燃烧后的清洁剂会将分布在喷油器、燃油泵、油管和燃烧室等处的积炭、胶质与积垢软化、剥落、溶解并使其随废气排出缸外，从而达到清洁的目的。

操作步骤：

①配制混合液　将清洗机红色夹子夹在汽车蓄电池的正极上，黑色夹子夹在负极上（或与 12 V 直流电源相连）；将黑色管与车辆的回油管路连接；将定时器逆时针拨到“ON”挡；将回油管阀门打开；启动发动机，汽油将通过回油管输入到清洗机的贮油箱内，直到规定值，关闭发动机；将清洁剂按比例与汽油混合。

当然，上述配置的过程也可以通过其他方式将混合液按规定比例配置好，而后倒入清洗机的贮油箱内。

②清洗发动机燃油喷射系统　拆下发动机上的进油管接头；用合适的管接头将清洗机供油管（黄色）与发动机供油系统进油管（进入发动机端）相连；用合适的管接头将清洗机回油管（黑色）与发动机回油系统回油管（进入油箱端）相连；将发动机汽油泵的继电器拆下或将保险盒内的保险丝摘除；将发动机上的回油管（接泄油阀端）用一盲头油管封堵，使泄油阀处于关闭状态；定时器顺时针拨至 30 min 以上；压力调节器调到零位，打开流量调节阀；启动发动机使其运转，直到原供油系统所有残余燃油消耗完，大约 1 min；开启清洗机电源开关；慢慢旋转调压器和流量计，调节压力和流量，使清洁剂混合液能在不同型号的发动机中均匀平稳地燃烧；观察混合液面，在最后几分钟内关闭清洗机回油管阀门，使之对燃料系统进行最后的高压清洗；定时器回零报警后关闭发动机，关闭清洗机电源，拆下电源线；先打开泄压阀后再拆下各管路；拆下供油管和回油管，重新连接供油系统，启动发动机检查有无泄漏。

经上述方法清洗后的发动机燃料供给系统内部胶质和积炭等将被软化、剥落、溶解，喷油嘴雾化效果将明显改善，使燃烧更充分，发动机性能显著提高，油耗降低，废气排放改善。

该清洗机同样适用于清洗柴油机燃料供给系统，只需换用柴油机专用清洗滤芯即可。

(2)利用燃料系统高效清洁剂清洗　燃料系统高效清洁剂可有效溶解清除系统内部的胶质、积炭等有害物质，对供油系统中的电动汽油泵、计量控制阀、喷油器以及油管等各部件有良好的清洗维护作用，能保持喷油器等精密偶件良好的工作状态及喷雾质量，并能排除因有害物质所造成的发动机故障。

高效清洁剂特性：

①随燃油流动自动清除、溶解供油系统中的胶质、积炭、冷凝水分，酸性物质，有效抑制这些有害物质的再生。

②清除附着在喷油器中的积炭、黏性胶质，保持最佳喷雾质量，最大限度地提高燃油经济性，发挥发动机有效功率，减少有害气体排放。

③有效自动清理和润滑喷油器、计量阀、过滤器、燃油泵、进排气门、燃油管等部件，使之处于良好的工作状态。

④将燃烧室的积炭软化、剥落并形成粉状物随废气排出，保持燃烧室清洁，防止发生爆震、早燃等现象。

⑤对各传感器、催化转换器无害，对金属及橡胶制品无任何腐蚀作用。

⑥可中和酸性物质，吸收分解燃油中的冷凝水分，防止结冰，改善冷起动性能。

使用方法：

①将高效清洁剂按使用说明书的使用要求与比例直接加入汽油箱内。

②该高效清洁剂适用于各等级的汽油(有铅或无铅的)。

③电喷发动机每隔 20 000 km 必须使用高效清洁剂清洗一次。对于 50 000 km 以上未做过清洗的发动机，应使用该清洁剂连续清洗两次，以保证系统的清洁。

使用注意事项：

①勿将该清洁剂涂抹于油漆及玻璃纤维表面，特别注意勿滴在车身漆面上。

②操作中注意防火，切勿误入口中。

83 为什么要清洗发动机润滑系统？

在汽车运行过程中，由于润滑油经常处在高温、高压、高速的条件下工作，极易生成油泥、胶质等沉积物。这些沉积物黏附在发动机润滑系统的表面，不但会影响润滑油的正常流动，而且还会加速润滑油变质，使运动摩擦副表面磨损加剧。因此，要对润滑系统定期进行清洁护理，以保证润滑系统的正常工作，从而延长发动机的使用寿命。

84 怎样清洗发动机润滑系统？

发动机润滑系统污物的除去是在发动机不解体的情况下，通过专用设备——发动机润滑系统清洗机，或使用专用清洗剂——发动机润滑系统自动清洗剂来进行清洗的。

(1)利用发动机润滑系统清洗机清洗

作用与工作原理：能溶解并清除发动机润滑系统内的油泥、积炭及金属屑（主要指机油滤清器无法过滤的、小于 25 μm 的微小颗粒），能改善发动机润滑油的品质，恢复发动机的性能，提高效率，减少有害气体排放，延长发动机的使用寿命。基本工作原理是这样的：将清洗液以 344.7 kPa 压力打入机油加注口中，怠速运转发动机 15 min，清洗液流经润滑系统的各个部件后，将溶解其中的油泥、杂质微粒并返回机油盘，而后利用清洗机的真空抽吸作用将其排出缸外，达到快保清洁润滑系统的目的。

操作步骤：

①将清洗桶放入清洗机台内，并将油管组插入桶内；

②使清洗机接上 220 V 电源及 551.6～861.8 kPa 压缩空气；

③将汽车发动机内部的机油放掉，拆下发动机机油滤清器的滤芯；

④从清洗机的专用工具盒中选择相配套的专用接头，装入油底壳，并将其与清洗机的供油管相接；

⑤从清洗机的专用工具盒中选择相配套的专用接头，装入机油滤清器底座，并将其与清洗机的供油管相接；

⑥取一个新的白色滤心装入清洗机的滤芯座内并拧紧；

⑦按下启动开关，清洗机进行循环—清洗—过滤工作过程；

⑧每清洗一辆发动机约需 20 min，清洗完蜂鸣器会鸣叫，提醒关机；

⑨拆下供油回油管，装上油底壳螺栓，更换新的机油滤芯；

⑩加注新的机油后，转动发动机 1 min，再检查机油量，若不足须补加注到足量为止。

(2)利用发动机内部自动清洗剂清洗　使用发动机内部自动清洗剂不需解体发动机，它能在发动机运转过程中，将发动机内部的各种沉积物、胶质及积炭等溶解并进入油底壳，而后随机油的更换排出发动机。中和燃烧中所产生的酸性物质，防止机油污染，延长机油使用寿命。

发动机内部自动清洗剂特性如下：

①除去发动机内部及油道内的胶质、积炭和沉积物，恢复各油道的通行能力，改善润滑效能；

②除去发动机气缸内壁及重要机件如曲轴轴承、连杆轴承、活塞环附着的胶质、沉积物等，减少发动机的转动阻力、消除发动机运转中的迟滞现象，使之运转更平稳、更顺畅；

③清洁液压气门挺杆、摇臂、摇臂轴，防止粘连，使之运动自如，改善机件工作状态，减少噪声，延长机件使用寿命；

④中和发动机燃烧生成的酸性物质，保护机件不受腐蚀，延长润滑油的使用寿命；

⑤清洁曲轴箱通风阀，利于保持曲轴箱的洁净。

使用方法和操作步骤如下：

①在更换脏机油及机油滤芯之前使用发动机内部自动清洗剂。

②检查发动机机油底壳内的机油量，若不足应先补足。

③启动发动机，待发动机升温到正常工作温度后熄火，打开发动机机油加注盖。

④均匀摇晃发动机内部清洗剂并将其倒入发动机润滑系统内。

⑤让发动机怠速运转 20～30 min 后熄火，并在热机状态下将含有清洗剂的旧机油放出。

⑥更换机油滤芯，加注新的机油到规定量。

⑦汽车行驶 15 000 km 定期使用发动机内部自动清洗剂 1 次。

使用时应注意事项：

①如果发动机长期未经清洁，发动机内的沉积物、胶质及积炭很多，在第一次使用该清洗剂后，这些污物将会被大量排出，有可能堵塞集滤器、滤芯及油道等部位，因此一定要认真进行系统保洁，以防堵塞。若定期使用则不必有此担心。

②必要时可重复使用该清洗剂。

③操作中切勿使清洗剂误入口中。

85 为什么要清洗发动机冷却系统？

发动机冷却系统的冷却液中不同程度含有钙、镁等盐类物质，如钙和镁的酸性盐、硫酸盐和氯化盐等。这些盐类物质多是不溶或微溶于水的，即都会以沉淀形式积附在冷却系统的内表面，形成常说的“水垢”（其主要成分是硫酸钙、碳酸钙、硫酸镁等物质）。

冷却系统是由不同性质的金属组成的，如铸铁、钢、铜、铝和锡，这些金属在长期与水、乙醇、防冻液、冷却液接触时，会发生电解作用和化学反应，其结果使金属表面被腐蚀，出现“穴蚀”现象。

防冻液和冷却液中均含有硅酸盐，当冷却液温度从高至低发生变化时，硅酸盐容易产生“分化”现象，在冷却液中形成一条青苔状的絮状物。此物质的形成会降低冷却液的流速，从而导致散热功能的减退。

综上所述，冷却系统的积垢、穴蚀、沉积物的分化等都将影响发动机的冷却能力，使发动机过热、机油变质，从而破坏正常的燃烧，并引发发动机运动摩擦副的摩擦阻力增大、发热，直至卡死。因此，对冷却系统必须定期进行清洁护理，以保证冷却系统的正常工作，从而延长发动机的使用寿命。

86 怎样清洗发动机冷却系统？

发动机冷却系统的清洁是在发动机不解体的情况下，通过专用设备——发动机冷却系统清洗机，或使用快保用品——发动机冷却系统自动清洁剂等来达到使冷却系统清洁、除锈、疏通、止漏等目的。以下分别介绍这两类不同方式的养护方法。

(1)使用发动机冷却系统清洗机清除水垢　发动机冷却系统长时间使用后，其水套内壁会产生水垢，以致引起阻塞，减小冷却系统的容积，降低冷却效果，使发动机过热。使用发动机冷却系统清洗机可在不解体发动机的情况下将冷却系统内的水垢、杂质清洗干净。操作步骤如下：

①打开清洗机的清洗液桶，添加清洗液。

②使清洗机接上 220 V 电源，接上自来水，接 98～147 kPa 压缩空气。

③选择适用的三通接头，固定于汽车冷却回路水管上与清洗机相连。

④将三通开关转至冲水位置，打开发动机散热器盖。

⑤打开自来水开关，让清洗液与自来水混合后冲入冷却系统，直至水由散热器口冒出。

⑥闭合电源并旋开调压器，开始产生脉冲，30～60 s后关闭气源。让自来水补充满后再开气源，直至完全冲洗干净，水压为49～98 kPa。

⑦冲洗干净后关掉自来水，打开气源，将残留管内的水从发动机冷却系统出口冲出，直到管内没有水后，再关掉气源。

⑧将三通开关转至添加位置，打开电源并开始添加水，水由三通进入，待水从散热器口冒出即可关掉电源。

(2)利用发动机冷却系统自动清洁剂清除水垢　冷却系统自动清洁剂具有超强的清洁、高效溶解的能力，它能随冷却液的流动与循环彻底清除冷却系统内已生成的水垢、锈蚀及沉积物等，恢复冷却系统管道的流通能力，确保散热性能，避免发动机过热。该清洁剂对冷却系统不产生任何腐蚀作用。

冷却系统自动清洁剂性能：

①随冷却水的循环流动除去冷却系统水套内的硬水垢（硫酸钙、碳酸钙）及沉积物，并随冷却水排出，使冷却系统内部清洁如新。

②具有高效的溶解分散性，消除硅酸盐等产生的絮状物（尤其是发生在散热器内的较小的管道处），恢复冷却液的流动能力。

③中和冷却水中的酸性物质，防止冷却系统中的金属部件被腐蚀。

④对冷却系统的铸铁、钢、铜、锡、铝和橡胶等无害。

⑤可与各种冷却液共同使用，还可避免低劣冷却液对金属件的腐蚀。

冷却系统自动清洁剂使用方法：

①打开发动机散热器盖，检查并添加冷却水。

②均匀摇晃冷却系统自动清洁剂，并将其倒入发动机冷却系统内，拧好发动机散热器盖。

③怠速运转发动机 15～20 min 后熄火。

④打开发动机冷却系统排水口排放出旧、脏的冷却水，直至排水完毕。

⑤从发动机进水口加入干净的清洁水，排水口不断排出冲洗后的脏水，冲洗 5～10 min。

⑥清洁剂的添加比例为冷却水总量的 5%，或参照说明书。

⑦如果冷却系统长期未清洗，水垢较厚、较多，可加倍使用清洁剂。

注意事项：

①建议清洗后使用冷却系统防锈、除锈剂以抑制锈垢再生。

②操作时注意远离火源，切勿误入口中。

87 怎样使用冷却系统自动堵漏剂？

2008 年 1 月我国南方遭受了 50 年一遇的低温雨雪冰冻灾害，很多发动机缸体被冻裂，所以对发动机缸体进行修补和堵漏是十分必要的。通常解决冷却系统渗漏、泄漏的方法是先分解冷却系统再进行检漏、焊修、黏结等修复，这种方法工序繁琐且费时。冷却系统自动堵漏剂可以在不需要分解冷却系统的情况下直接加入到冷却液中，随冷却液的流动，快速有效地自行堵住泄漏部位。

(1)冷却系统自动堵漏剂的性能

①随着冷却水的循环、流动，能快速制止散热器、缸体水套、气缸垫、水泵、水封、湿式气缸套底部的渗漏和泄漏，并在 0.2 MPa 的压力下保持不漏水。

②能有效防止冷却系统泄漏并延长散热器的使用寿命。

③使用后通常 3～5 min 即可堵漏见效，止漏后勿需放水，固

化时间 36～48 h，固化后可保持 1 年不再漏水。

④不会堵塞散热器细小管道，对各种金属、橡胶部件无害。

⑤可与所有类型的防冻液、冷却水融合并对水泵有润滑作用。

(2)使用方法

①检查并补充散热器内的冷却水量，使之达到标准水位；

②启动发动机，使水温达到正常的工作温度 85～90 ℃；

③关闭发动机，打开散热器盖，充分摇动堵漏剂后将其倒入散热器内，拧好散热器盖；

④启动发动机，打开暖风开关，随着冷却水的流动，3～5 min 即可见效。

⑤堵漏剂的添加比例为冷却水总量的 5%，或参照说明书。加入本剂后 10 天内不要更换冷却水。

(3)注意事项

①在一定的温度和压力下使用该剂效果更佳。

②使用前要充分摇晃后再加入。

③操作中避免与眼睛、皮肤直接接触，若不慎触及，应用清水及时清洗。

88 怎样给汽车空调检漏？

目前车辆上使用的空调系统一般为单冷开启式，制冷剂多采用 R12 或 134a。在使用中，制冷剂易从连接接头、油封处泄漏，导致制冷效果差或不制冷等现象。检漏可以从下述两方面进行：

(1)检查漏油痕迹　在空调制冷循环系统中，冷却油是用来润滑密封轴以及压缩机内其他运动部件的，少量的润滑油将会与制冷剂一起进入制冷循环系统中。如果制冷循环系统泄漏，就会在泄漏处出现油迹。检查中发现管路及连接处有油迹，就可以确定该处有泄漏故障，应进行修理。

(2)观察检视窗，判定制冷剂泄漏情况　启动发动机，打开制冷开关，将温度开关控制杆置于COLD(冷)位置，风扇开关开到最大位置，从储液罐上的玻璃窗处观察制冷剂的流动状态，以此来判断制冷循环系统有无泄漏。

①制冷系统状态正常，无泄漏　制冷剂大体上透明，流动正常，此时出风口的风是冷的。

②制冷剂不足　制冷剂呈乳白色，会看到气泡流动，制冷效果不佳。

③制冷系统严重泄漏　观察玻璃窗内什么也看不到，没有制冷剂，此时空调系统就不会制冷。

89 怎样护理汽车空调?

(1)检查空调压缩机的安装支架是否松动。传动三角皮带松紧应适宜，过松会引起打滑，造成压缩机转速下降，制冷量不足；过紧又加剧皮带磨损，造成曲轴轴承过早磨损。压缩机冷冻油油面高度应在规定范围内，在正常情况下冷冻机油消耗量极少，如果从压缩机的视油镜片中看不到冷冻油，则说明冷气系统中存在泄漏现象，应及时维修。

(2)经常清洗冷凝器，保持冷凝器表面的洁净，以防止油污、泥土、蚊虫尸体及其他杂物附盖在冷凝器上。清洗时不要把冷凝器散热片碰倒，更不能损伤管子。

(3)在蒸发器的进风口处，一般都装上空气滤网，空气滤网应每周清洗一次，以免车内的灰尘、杂物吸附在空气滤网上进而阻碍空气流通，造成制冷量不足。

(4)要经常检查空调系统各软管有无磨损、老化现象。空调系统中大量采用橡胶管，如果这些软管有磨损，待环境温度升高、制冷系统工作时就会爆管，导致制冷剂、冷冻油漏光，空调系统完全失效。如果软管已破，空调还继续运转，则会导致泥土和水分大量进入压缩机等部件，使得整个冷气系统报废。因此，一定要经常检查橡胶管，发现有摩擦的情况要及时处理，对已破了口的部件要用布把破口包扎好，并停止使用空调，尽快送到维修店。

(5)要经常检查空调的电线，防止电线的绝热层磨破。当空调系统的保险烧损时，要先检查出故障所在位置，待处理完毕后再换上保险管，切不可把保险短接，否则有可能烧坏整个线路，也可能对汽车上的其他电路产生不良影响。

(6)要经常检查制冷剂的存量。制冷剂过多或过少，都会影响空调的正常工作。

90 怎样护理蓄电池？

蓄电池是汽车上一个很重要的部件，如果其技术状况不佳，则发动机和车上电气系统就无法正常工作，甚至不能工作。以下介绍几个很简单的蓄电池护理小技巧。

(1)用湿布帮蓄电池洗个“脸”，把面板上、桩头上(即正、负两个极桩)的灰尘、油污、白色粉末等擦拭干净。因为这些东西累积起来会造成漏电。

(2)打开蓄电池加水盖(免保养蓄电池除外)，看看水位是否在正常的位置。通常在蓄电池侧面会有上、下限的标线。如发现水位低于下标线，就必须添加蒸馏水。如果一下拿不到蒸馏水，水不可加太多，应加到上下标线中间。

(3)检查发动机是否充电正常。在启动发动机后，用万用电表量一下蓄电池两极的电压，必须达 13 V 以上才算正常。发现充电电压过低，就得请人检修充电系统了。如果没有万用电表，可用简单的目测法：发动机启动后，打开蓄电池加水盖，看看每一小格里面有没有冒气泡。正常的状况是不断有气泡冒出水面，而且愈加油会冒得愈多；如果没有冒泡，那很可能就是充电系统有毛病了。注意，做这个检验时千万不可以吸烟，以免发生爆炸起火的危险。

六、汽车装潢

91 汽车装潢应遵循什么原则？

(1)协调性原则　指装饰材料和装饰物品的颜色必须与轿车的外表颜色、车内顶部及四周的颜色搭配适当。如:黑色轿车配以浅茶色的太阳膜,深灰色的驾驶室配以米黄色的座套、白色枕套和棕色车毯,驾驶室前排中央位置根据空间大小安装一两件精美鲜艳的饰物(如保温杯、资料盒等),在驾驶室前放一瓶外形美观的香水或一个语音报时钟等。这样,整个驾驶室就会显得大方、豪华、和谐。

(2)实用性原则　主要是根据车内有限空间尽可能选用一些小巧、美观、实用的饰物,最好是能反映车主本人个性的艺术品。

(3)整洁性原则　要把车内装饰得井井有条,无任何污染物或杂物。车内所有的饰物必须便于拆装清洗或更换。

(4)安全性原则　指车内的饰物不得有碍于车主安全行驶或乘员乘车,如在前、后挡风玻璃上面就不宜张贴广告或其他图画。

(5)舒适性原则　要求车内的装饰色彩和质感符合车主本人的审美观。只有工作环境舒适,车主才有可能产生心情舒畅、轻松自在的感受。

92 怎样贴汽车防爆太阳膜？

贴汽车防爆太阳膜的步骤如下:

(1)清洁　将玻璃清洗干净是贴膜的首要步骤,也是整个过程中最重要的一步，玻璃清洁与否直接影响到覆膜质量。清洁的方法是：先用玻璃清洗剂将玻璃及其边缘反复清洗干净，再用刮板刮干玻璃。一般按从干的一边到湿的一边、从上边到下边再到底边的顺序刮干，也可用不起毛的布擦干边缘。

(2)下料　膜的大小要与玻璃相匹配，粘贴前应先按玻璃的实际尺寸将膜裁剪好。裁剪前要先制作车膜样板。车膜样板的制作方法是：先在清洁良好的玻璃表面洒一层水，然后把适当厚度的塑料薄膜吸附在玻璃上，根据玻璃边缘线的特点划出样板，车膜样板要比划线超出 3～5 mm。然后按车膜样板裁剪出待贴的车膜。

(3)粘贴　粘贴时要撕掉膜的塑料垫层，同时用纯净水喷湿玻璃，这样可以减少胶的黏性，并容易去掉静电引起的附着物。当衬垫完全揭下后，将膜覆到玻璃上，左右滑动，将膜摆正。再往膜上稍微喷点水，按从中心向边缘、从上到下再到底边的顺序刮膜，最后用毛巾擦干玻璃边缘的水分和碎片。由于太阳膜用的是压敏胶，刚贴上去的黏度不大，因此要提醒用户在两个星期内不要摇窗或用力擦拭。

93 什么是无水烤膜？

在目前的汽车美容养护市场上，汽车无水烤膜是最先进的一种贴膜技术。相对原始的有水烤膜来说，无水烤膜具有多方面的优势。

(1)速度更快　由于无水烤膜不用在车玻璃上喷水，从而使烤膜的过程大为缩短，加快了烤膜速度。

(2)防止车玻璃炸裂　有水烤膜由于要在车玻璃上喷水，因此在用吹风机烘烤时，冷、热相遇，很容易导致车玻璃炸裂。无水烤膜则完全避免了这种情况的出现。

(3)不容易出现褶皱　有水烤膜使膜的分散点增多，从而容易出现褶皱。无水烤膜的分散点很少，避免了褶皱的出现。

(4)膜层的粘胶层不会损坏　车窗贴膜之所以能防止太阳光，是因为膜有隔热层和紫外线金属层。喷水烤膜很容易使隔热层和金属层受到破坏，不仅降低了隔热率，而且由于金属层的损坏，还会产生更为严重的后果：车膜金属层被损坏后便不能产生折射的作用，当夜间两车相会时，对方的灯光往往会使司机睁不开眼，容易酿成车祸。另一方面喷水再烤，易使膜的表面凹凸不平，呈“橘皮”状，司机在开车时易产生眩晕，在一定程度上给安全带来隐患。无水烤膜便没有这方面的隐患。

94 为什么要安装晴雨窗罩？

晴雨窗罩依据车身外形一体设计，具有流线造型，能增加美感。晴天遮阳，可防止侧面刺眼强光；雨天行车，即使车窗开下大半，雨水仍不会直灌车里；夏季停车，可开窗保持空气对流，降低车内温度；冬季可开窗导入大量空气，避免窗户结雾；车内吸烟时可摇下车窗；高速行驶时不会狂风吹头，稳定性好，安装简便，不需要使用任何工具。

95 怎样安装轮弧饰片？

轮弧饰片的主要功能是当轮弧翼子板受轻微或中度擦撞时，能将其伤痕减至最低程度，当然也兼具美观的功用。安装时一般都使用四片装。

安装轮弧饰片的方法与步骤如下：

(1)将安装位置清洁干净，尤其使用螺钉或拉拔钉固定时，翼子板凸缘唇的内缘污泥更要清除干净。

(2)轮弧饰片上一般都有小孔，如采用固定法时就得利用此小孔。在翼子板凸缘唇与轮弧饰片孔相对位置，依孔径钻孔。

(3)将硅胶注在翼子板轮弧饰片安装部件上，这样会使接合紧密，不积水分。

(4)将轮弧饰片贴上,并用螺钉或拉拔钉固定即可。

96 怎样安装防撞胶?

防撞胶是粘贴于前后保险杠四角的一种胶皮,可进一步加强保险杠防擦抗震功能。其安装方法是:使用前将车身擦净,贴上后轻压一次,3 h 后再压一次,24 h 内避免与水、油类接触。

97 怎样安装挡泥板?

挡泥板的功用是车在雨天或在泥泞地行驶时能阻止污泥、污水溅及车身下部。

挡泥板的安装方法有两种:一为螺钉或拉拔钉固定法,二为粘贴法。无论固定法还是粘贴法都可以按下面所述的方法进行安装。

(1)将要安装的挡泥板位置清洁干净,尤其是使用固定法时,要彻底清除挡泥板凸缘内侧污泥,并加以防锈,以防安装后因不清洁而锈蚀腐烂。

(2)使用固定法时要在挡泥板凸缘唇上钻孔,以便安装。

(3)安装部件涂硅胶,以利结合紧密并可防水分积存而腐烂。

(4)装上挡泥板,用固定法时将螺钉或拉拔钉固定好。

(5)为防止水分积存或渗入接合处造成钣金腐烂,可在挡泥板外缘注上一层透明的硅胶。

98 怎样安装倒车报警装置?

由于各种汽车倒车报警装置的结构不同,其安装方法也不尽相同。主要安装方式有以下两种:

(1)临时性安装　这种安装仅限于具有粘贴式探头的报警器,其特点是不需要在车体上开孔,只要将报警器粘贴在适当的位置即可,安装、拆卸均不会影响汽车美观。

①安装位置　此种报警器一般安装在尾灯附近或行李箱门边(图 6-1),安装的最佳宽度为 0.66～0.8 m(图 6-2),安装的最佳离地距离为 0.55～0.7 m(图 6-3)。

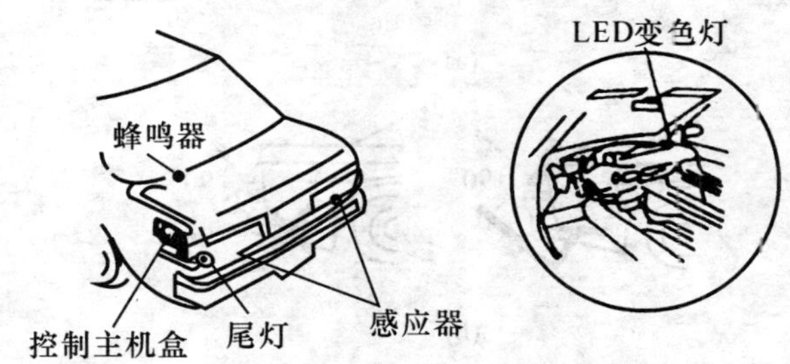

图 6-1　报警系统部件安装位置示意图

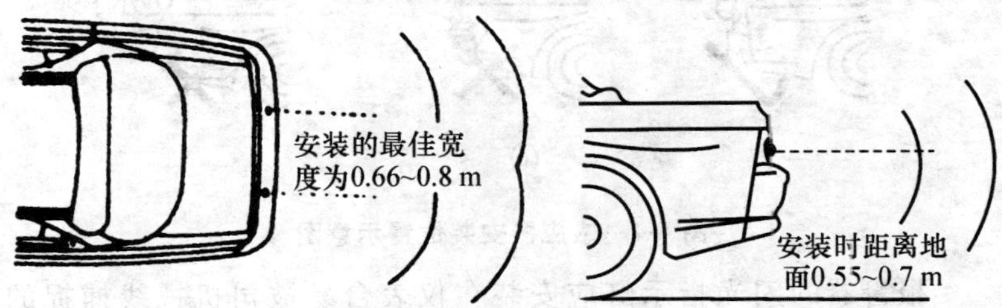

图 6-2　探头安装宽度示意图　　图 6-3　探头离地距离示意图

②安装方法　将附带橡胶圈套在感应器(探头)上,引线向下,并与地面垂直,探头一般不安装在汽车最尾部,以免撞坏,如图 6-4(a)所示。

确定感应器安装位置,侧视 90°应无障碍物,否则会影响探测结果,产生误报警,如图 6-4(b)所示。

感应器贴合必须选择垂直方向,偏上或偏下均会影响使用,如图 6-4(c)所示。

用电吹风将双面贴加热,然后撕去面纸,贴到确定部位(48 h 后才能达到最佳贴合效果)。

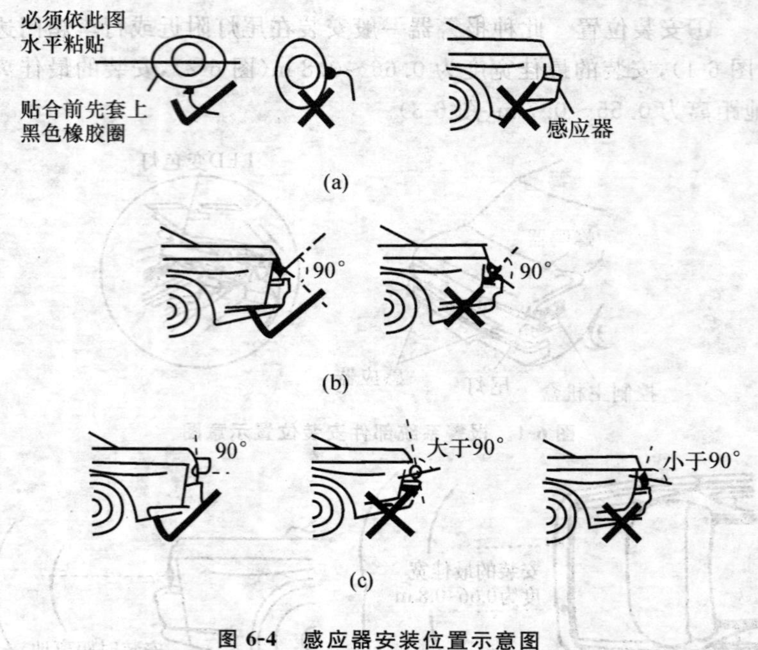

图 6-4　感应器安装位置示意图

报警器的闪光指示灯应安装在仪表台易被司机视线捕捉的位置。

控制盒安装在安全、不热、不潮湿、不溅水的位置，通常将其安装在行李箱侧面。

蜂鸣器一般安装在后挡风玻璃平台上。

感应器屏蔽线应防止压扁、刺穿，且要隐蔽铺设，以求美观。

(2)永久性安装　此种安装适用于具有开孔式探头的报警器。

①安装位置　汽车尾部或保险杠上。

②探头的安装方法　在车身尾部或保险杠上开孔，将胶套安装在已打好的孔内(图 6-5(a))，将已接好线的探头从基材背面安装在探头胶套上(图 6-5(b))；将探头喷涂成与车身或保险杠相匹

配的颜色。

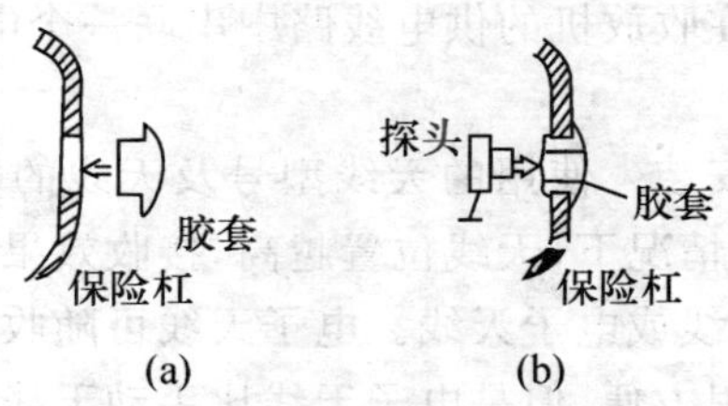

图 6-5 永久安装方式示意图

99 怎样安装汽车收放机?

(1)主机的安装 多数收放机的体积属标准型,能装进大部分车中装收放机的孔内。如果车上没有用来安装收放机的孔,可将其装到仪表板内或仪表板下的一个合适位置处,也可购买一特殊的托架,将它放在仪表板与地板之间。

若车上没有装收放机的孔,在选择安装位置时应注意以下几点:

①收放机应装在驾驶员系上安全带后仍能够操作的地方。

②不要将收放机装在靠近电子转速表、点火开关导线或闪光灯部件及其相关的导线的地方,以防相互干扰。

③收放机要安装在天线导线能够得着的地方,而且使天线导线也不靠近②中所述的部件。

④收放机不应装在发生事故时易损坏的部位,如驾驶员或乘客腿上方的仪表板下。

有的收放机带有安装支架,没有安装支架的收放机需用钻孔的或开槽的金属带来安装,把金属带弯成安装支架即可。收放机必须正确接地,即在收放机外壳与车架间接一单独的接地线。

收放机的导线连入车的电子系统时,要参照收放机说明书。

如果没有说明书,要参照相关的电路图,找到车的电路中收放机的电源接头位置,在收放机的供电线路中串联一个电阻,必要时装一扼流圈。

(2)天线的安装　使用的天线型号及天线的安装位置依个人喜好而定。通常情况下,天线位置越高,接收效果就越好。汽车最好装可伸缩的天线或电子天线。电子天线可随收放机的开关自动升降,因此使用很方便,但是电子天线比手动天线易发生故障。

选择天线位置时,应注意以下几点:

①天线导线越短越好——也就是说天线最好装在车的前部。

②天线尽量远离分电器及 HT 导线。

③安装点下凸出的部分不应干涉车轮或其他任何部件。

④可能的话,天线应被定位,这样可使同轴导线不走穿过发动机舱的电路。

⑤安装天线的板平面不应太陡,使天线不能垂直安装。大部分天线可以进行小量的调节。

安装位置决定好后,须在面板上穿一孔。孔的尺寸按要装的天线尺寸来定。一般情况下孔的直径应为 19 mm。在金属壳体的车上,最好选用“箱体刀具”来钻孔。该工具需要一穿通面板的小直径辅助孔来固定自身。在 GPR 壳体的车上,最适用“孔锯”来打孔。“孔锯”同样也需一小直径的辅助孔来固定。钻完孔后,应用锉刀加工锯边,除去毛刺,然后给其上漆以防腐蚀。

按厂家说明书安装天线。如果天线很高,或在安装面板下伸出的距离较长,就应在天线与车架间装一拉条。拉条可用先前提到过的钻孔的或开槽的金属带做成。拉条应用螺钉或螺栓紧固在其位置上。要想获得最佳接收效果,可在天线与车架间接一搭铁线,这对 GPR 壳体的汽车来讲是必不可少的。如果为了将天线接入车内需在车身板上钻 1 或 2 个孔,一定要把橡皮圈装在孔中,以保护导线,同时还可起密封作用,防止水流入车内。

(3)扬声器的安装　扬声器的位置选择和安装与其型号有关。通常,扬声器可直接装到车内装扬声器的孔中。安装时,只需拆除保护网栅,用螺钉或螺栓将扬声器固定即可。但安装过程中要小心不要损坏扬声器的振动膜片,为此可在扬声器架与安装面板上装一垫圈来减小振动。如果收放机所带的扬声器属带有狭槽型的,可用自攻螺纹的螺钉将扬声器固定在面板上。当把装在后部的扬声器与收放机相连时,连接导线需从地毯或地板底下穿过,最好沿着盘形地板的边,这样导线就不被乘客踩到。车内导线可用 PVC 胶带固定以免损坏。不要让电线垂悬。

100 怎样安装汽车 CD 机?

汽车 CD 机如果安装不好,轻者影响使用效果,减少 CD 机的使用寿命,重者会使 CD 机损坏。

单盘机安装时,一定要水平安装,而且要固定牢靠,否则震动大,激光头还要经常保护,长时间会使 CD 机老化。

多盘机在安装时首先应注意主机与 CD 机之间的连接线。为了防止干扰,要与车上电源线分开走线,如果走在脚垫和坐位下面,经常踩动会使连接线损坏。连接线的绝缘外皮绝不能破坏,搭铁后会产生噪声。在用螺钉固定门边条时,不要打到连接线上,如果打到连接线上造成短路,会使 CD 机或主机损坏。有搭铁线的 CD 机,搭铁线要接实,否则会烧毁 CD 机。

CD 机在安装前,先要调整好减振方向旋钮,否则没有减震功能,甚至损坏 CD 机。可调整的减振方向一般有 0°、45°、90°,可根据需要进行调整。在固定 CD 机时一定要找实在的部位,不能安装在薄塑料板和纤维板上,那样容易产生晃动影响使用,必须使 CD 机的支架触到固定部位,其他部位都不能触到,否则容易产生噪声和影响减振效果。左右不能倾斜,而要水平安装。此外,还要注意固定位置,应选择不易受潮的地方。

参考文献

[1] 彭义军. 汽车涂装技术. 北京:电子工业出版社,2005.

[2] 白长城. 汽车美容. 北京:中国农业出版社,2004.

[3] 彭义军. 汽车的护理性与装饰性美容. 长沙:湖南科学技术出版社,2004.

[4] 姚时俊. 汽车美容与装饰. 沈阳:辽宁科学技术出版社,2001.

[5] 孙庆峰. 汽车美容. 北京:中国林业出版社,2000.

[6] 甘文嘉. 现代汽车美容与装潢. 上海:上海交通大学出版社,2002.

[7] 陈哲,陈其谋. 汽车美容与快保. 福州:福建科学技术出版社,2002.

[8] 杨江河. 汽车美容. 北京:机械工业出版社,2001.

[9] 魏庆曜. 汽车涂膜修复技术. 成都:四川科学技术出版社,2001.

[10] 赵社教. 汽车维修漆工. 北京:电子工业出版社,2003.

图书在版编目(CIP)数据

汽车美容装潢百问百答/农业部农民科技教育培训中心,中央农业广播电视学校组编.—北京:中国农业大学出版社,2008.10

农村劳动力转移职业技能培训教材

ISBN 978-7-81117-384-0

Ⅰ.汽… Ⅱ.①农…②中… Ⅲ.汽车-车辆保养-技术培训-教材

Ⅳ.U472

中国版本图书馆 CIP 数据核字(2008)第 055333 号

书　　名 汽车美容装潢百问百答

作　　者 农业部农民科技教育培训中心
中 央 农 业 广 播 电 视 学 校 **组编**

策划编辑 汪春林　高　欣　　**责任编辑** 梁福有

封面设计 郑　川　　**责任校对** 王晓凤　陈　莹

出版发行 中国农业大学出版社

社　　址 北京市海淀区圆明园西路 2 号　**邮政编码** 100193

电　　话 发行部 010-62731190,2620　读者服务部 010-62732336

编辑部 010-62732617,2618　出　版　部 010-62733440

网　　址 http://www.cau.edu.cn/caup　**E-mail**:caup@public.bta.net.cn

经　　销 新华书店

印　　刷 北京时代华都印刷有限公司

版　　次 2008 年 10 月第 1 版　2008 年 10 月第 1 次印刷

规　　格 850×1 168　32 开本　3.875 印张　94 千字

印　　数 1～6 000

定　　价 6.50 元

凡本教材出现印刷、装订错误,请向中央农业广播电视学校教材处调换。

联系地址:北京市朝阳区来广营 1 号　电话:010-84904997　邮编:100012

网址:www.ngx.net.cn